# 真理学要論

新時代を拓く
叡智の探究

大川隆法

# まえがき

かねがね私は、人間が幸福な人生を生きるためには、四つの正しい道を極めることが大切であると語り続けてまいりました。この現代的四正道とは、「愛の道」「知の道」「反省の道」「発展の道」の四つであり、この四つの道を極めたならば、そこに完成された理想の人間が出現し、この理想の人間が地上ユートピア建設の中心となるのだ、と論じているのであります。

今回、この『真理学要論』では、幸福の原理たる四正道を、第1章「愛と人間」、第2章「知性の本質」、第3章「反省と霊能力」、第4章「芸術的発展論」という表題で論じ分けてみました。まったく新たな切り口で、真理の基本書を書きおろすことができたと考えています。

『新・心の探究』『幸福の科学とは何か』などの基本書同様、本書がわかりやすい真理入門となることを祈念いたします。

一九九〇年三月

幸福の科学グループ創始者兼総裁　大川隆法

# 真理学要論　目次

## 第1章　愛と人間

一九八九年九月二十七日　説法《せっぽう》
東京都・千代田《ちよだ》区公会堂にて

# 第2章　知性の本質

一九八九年十月十八日　説法
東京都・千代田区公会堂にて

## 第3章 反省と霊能力《れいのうりょく》

一九八九年十一月八日 説法
東京都・千代田区公会堂にて

# 第4章　芸術的発展論

一九八九年十二月六日　説法
東京都・千代田区公会堂にて

# 第1章 愛と人間

一九八九年九月二十七日　説法《せっぽう》
東京都・千代田《ちよだ》区公会堂にて

# 1　愛の存在理由

## ①　孤独《こどく》

二年あまり前に、私は、「愛の原理」と題して講演会をいたしました（一九八七年五月三十一日。同講演は『幸福の科学の十大原理（上巻）』〔幸福の科学出版刊〕に所収）。

そのとき、私は、「愛の原理」という演題で話をするには、あまりにも大きな話をしたように思います。その話は確かムー帝国《ていこく》から始まっていたと、記憶《きおく》しています。

愛の話をしても、その話の糸口は、いろいろな角度からなされるものでありまず。あるときは歴史論となり、あるときは空間論となり、あるときは理想論となり、あるときは人間学そのものともなる。そのように愛の話は、実はあらゆる角度から、「なぜ」という質問に答えるためにあるようなものだと私は感じます。なぜ、この地球があるのか。なぜ、世界があるのか。なぜ、宇宙があるのか。なぜ、人間があるのか。なぜ、われわれは生きているのか。生かされているのか。それらの、「なぜ」という言葉にすべて答えうる入り口を、愛という言葉が呈《てい》示《じ》しているように思えるのです。

この愛という言葉を深く深く見たときに、探究したときに、私たちは人生について、人間について考えうるところの、「なぜ」というすべての疑問に答えていけそうな気がいたします。

さて、今回「真理学要論」というテーマで、四章にわたって新たな切り口から「現代の四正道《よんしょうどう》」（愛・知・反省・発展）についてお話をしてみることにしました。

まず、その第一回目として、「愛と人間」というテーマを選んでみました。

「愛と人間」を考えるに際して、どうしても言っておかねばならないことがあります。それがいったい何であるかと言いますと、「みなさん自身が、自分というものが本当に存在しているのだということを、どうやって確認するか」ということなのです。

私たちは、ある意味において、浮《う》き草のような存在にも感じられることがあります。確かに、一つの個として、個体として存在はするのですが、その浮き草のごとき私たちは、川の面《おもて》に浮かび、揺《ゆ》れ、そして流れ、あるときは沈《しず》み、また浮かび、そのように流れているようにも見えるし、また別のときには、泥沼《どろぬま》のなかに浮かんでいるように見えることもあります。

いずれにしても、一つの個であることは確かではあるが、自分の所在そのものをどのようにして確認したらよいのか、それが分からないでいます。

みなさんは、この分からないでいるという孤独《こどく》に耐《た》えかねて、何かを求め続けてきたのではないでしょうか。孤独に耐える、それは教えられなくとも、みなさんは感じてきたある種の実感でありましょう。たとえ、多くの人に見守られながら生きているとしても、多くの人のまなざしを身に受けているとしても、夜、一人で床《とこ》について、まんじりともせず天井《てんじょう》を眺《なが》めているときに、「ああ、自分は孤独なんだな」と感じることが多いでありましょう。

それは、みなさん全員が、必ずや一度は経験されたことであろうし、そうした経験を過去のものと感じるようになった今でさえ、ふと若いときの悪夢のように、その孤独の瞬間《しゅんかん》が甦《よみがえ》ってくるのではないでしょうか。どこか私たちの心の奥底《おくそこ》には、浮き草のように漂《ただよ》っていることに対する不安感、漠然《ばくぜん》としたその不安感に耐えかねるという気持ちがあるものです。それは、まことに耐えがたい感覚であります。

浮き草は、もし自分にしっかりとした根があって、その泥沼の底まで根が伸《の》びていたならば、あるいは川の底まで根が伸びていたならば、そしてその砂地に、沼地のなかにしっかりと根を張ることができていたならば、どれほどか自分自身が心安らぐことであろうかと、そう思うに違《ちが》いないと思います。

そうなのです。私たちは個人個人バラバラに生きてはおりますが、その個という自覚は、個が個であり続けるだけでは、決して安らぎというものを経験することができないのです。

この安らぎという感情は、私たち人間にとって、幸福そのものに極《きわ》めて密接にかかわっています。私たちは、気力に満ち、体力に満ち、希望に満ちているときに、大きな夢を考えます。大きな理想を抱《いだ》きます。そして、幸福というもの、確かな現実感のあるズッシリとしたものが、この手のなかに落ちてくること、そして、手でつかめること、翌日目が覚めても消えていないこと、こうしたものであることを望むでしょう。しかし、それ以前の、極めて大切な幸福感があるということを忘れがちであります。そう、それが安らぎという名の幸福です。

もし、この根が深いところに届いていたならば、どれほどまで安らぐであろうか。夜のしじまのなかの孤独が、どれほどまでに安らかなものになるであろうか。水面《みなも》に漂っているということの不安が、どれほどまでに自分というものを焦燥《しょうそう》のなかに置いているであろうか。

そう考えるときに、共に自分をつなぎとめてくれる存在があれば、いかほどありがたいか、幸福であるか、そう思うことでしょう。

ここに、愛というものが必要とされる理由があるのです。愛の存在理由は実はここにあるのです。

## ②　慰《なぐさ》め

「遥《はる》かなる昔に、何億年、何十億年という遥かなる昔に、大宇宙の意識が分光して、さまざまな光に岐《わか》れ、その個性に応じた魂《たましい》ができてきた」という話を以前にしたことがあります。そして、それは事実であります。なぜ、そのように大いなるエネルギーが、光が、散乱して個性を創ってきたのでしょうか。それは、一つの相対の世界の出現を期待するためでありました。相対の世界とは、「我あり、彼ある」という、そういう世界です。ここに何かがあり、あそこに何かがある。彼我《ひが》、我と彼、彼と我、こうした感覚を創っていくためには、相対の世界を創っていく必要があります。それは、個性というものを創り出すということであります。

なぜ、そのような個性を創り出していったのでしょうか。この我と彼という、そうした違った個性を創り出すことによって、そこに生まれてくるものは何であるのでしょうか。

一つであるならば、そこに動きはないのです。それは単なる存在にしかすぎません。その単なる存在が二つとなったときに、ここに生ずるものはいったい何でありましょうか。ここに、この二者をどう位置づけるかという関係が生ずるのです。あるいは、この二者の間に何らかの交流が行われる。何らかの語りかけが、呼びかけが、反応が起きる。ここに一つのものが二つとなる意味があるのです。

なにゆえに、そうした二者の関係が生ずることが大事であるのでしょうか。それは、そうした複数の存在というものが生ずることによって、ここに新たな始まりがあるということです。今まで単に静止していたものが、静止を離《はな》れて動となる、動きとなる、静から動となるのです。

動の世界とは、いかなる世界であるか。

それはエネルギーに満ち、そして絶えず進歩発展へと向かう道となります。すなわち、大宇宙には「進歩を目指す原理」「発展を目指す動き」がありますが、その出発点には、「神が個を創られた、個性を創られた、複数のものの存在をよしとされた」という、その事実があります。複数のものの存在をよしとされたがゆえに、その間に、お互《たが》いに、何らかのかかわりが必要となってきたのです。

すなわち、個というものは、あくまでも自分の存在というものを主張し、そして、その存在を存続させようと努力するようになります。そこに、進歩発展の形式があるわけですが、そうした複数を生み出すことによって、個を無数に生み出すことによって、個性を無限に生み出すことによって、一つの問題が生じました。その問題こそ、冒頭《ぼうとう》で述べたところの、「孤独」という問題です。

切り離されているがゆえに、自《みずか》ら独自の進歩発展を、自己主張を願うわけでありますが、ゆえにこそ、また孤独もある。ゆえにこそ、また安らぎがないことがある。そうした、神が創られた万象万物《ばんしょうばんぶつ》が、それぞれの個性を追求し、進歩発展していこうとしているが、しかし、お互いに孤独である姿を、神は見られて哀《あわ》れみたもうたわけです。

神の念《おも》いによって、これほど多くの生命が創造され、そして各所に散り、それぞれの生きがいを求めて活動しているが、どの者もどの者も浮き草のごとく不安を内在し、そして孤独のなかにある。神はこれを見て、深く悲しまれたのです。

すべての者の幸福を願い、発展を願い、
繁栄《はんえい》を願って創り出した個性が、
孤独を生んだ。
何とかして、彼らを幸福にする道へ導いていかねばならない。

個性ある存在としてお互いが生きていくことは、
大宇宙が発展していくためにはまことに都合《つごう》のよい方法であるが、
ゆえにこそ、孤独がある。
この孤独を何としても慰《なぐさ》めねばなるまい。

神はそう考えられたわけです。ゆえに、まず神は愛を説かれたのです。

人間よ、人間たちよ。
愛なくば、汝《なんじ》らは神を知らず。
愛なくば、汝らは人間を知らず。
愛なくば、汝らは自ら自身を知らず。
ゆえに、これよりのち、知れ。
愛はすべてのすべてであることを。

愛はすべての始まりであることを。
愛はすべての終わりであることを。
愛はアルファであり、オメガであるということを。
そして、あなたがたが、
もし孤独の淵《ふち》のなかに悩《なや》むことがあるならば、
わが名を呼べ。わが名は神。
神の名を呼べ。神は愛なり。
ゆえに、われを知らんとすれば、愛を知れ。
愛を知ることによって、われを知るであろう。
愛を求めることによって、われを求めることになるであろう。
愛を与《あた》えることによって、汝はそこにわれがあることを知るであろう。

愛より始めよ。愛にて終われ。

おまえたちの人生は、
愛に気づくところに始まり、愛に終わるところに終わる。
すべて人生を貫《つらぬ》くものは、愛であり、
愛さえあれば、おまえたちは常にわれと共にある。
われはおまえたちの親なり。
親であるわれと共にいるならば、
なにゆえにおまえたちは孤独となることがあろうか。

そのように、神はお教えになったわけです。

## ③　永遠の道

ゆえに、幸福の原理の第一として、私は愛を掲《かか》げました。それは決して思想的なものだからではなく、道徳的なるものだからでもなく、この宇宙ができて、そこに生命が誕生したときに、まず最初に必要とされたものであるからなのです。
この愛というものを示しておかないと、もとなる姿を、親が何であったか、誰《だれ》であったかを人々は忘れてしまうからです。自分たちが、創り主から岐《わか》れてきていることを忘れてしまうからです。

忘れてはならない。
おまえは、愛という名の名字を持った家庭に生まれた子供なのだ。
おまえは愛の子である。
おまえの親は愛である。
これを忘れてはならない。

そう教えたわけです。
私たちは、愛というものが、学び、研究し、探究するのに都合がいいからやっているわけではありません。それは、私たちが人間であることを許されている、その前提であるからなのです。

この愛というものが分からなければ、人間ではないのです。なぜ、愛が分からなければ人間ではないかというと、その親が創られた目的と違っているからです。その親が、このようなものを創ろうと思った、その願いと反しているからです。

みなさんは、それぞれ職業をお持ちでしょう。それぞれの生活空間をお持ちでしょう。それぞれの仕事が、勉学がおありでしょう。それぞれに大事な方がいらっしゃり、大事な立場があり、そういういろいろなもので、ちょうど蜘蛛《くも》の巣にかかった虫のように動けなくなっておられるでしょう。

しかし、私はみなさんに言っておきたいのです。

今、みなさんがたをがんじがらめにしているようなさまざまな問題、この三次元の条件、そんなものは、実はやがて消えていくものなのです。

ちょうど、秋になれば木《こ》の葉が枯《か》れて、落ちてなくなっていくように、今、みなさんがたを閉じ込《こ》め、縛《しば》りつけ、そして、もがけないようにしているさまざまなこの世的なる問題は、やがて消えていきます。

しかし、秋が来て、葉が舞《ま》い落ち、そしてあたり一面が冬となったときにも、まだ落ちない最後の一葉《ひとは》があります。その最後の一枚の葉こそ、あなたがたがいかに愛というものを信じていたかという、この一事《ひとこと》であるのです。

難しい教えを難しく言うことは簡単です。しかし、私はむしろ難しい教えをやさしく言いたいと思います。難しい教えを単純に言いたいと思います。

みなさんがたの人生の目標は、一つしかありません。それは、いかに愛多き人間となるかということです。いかに愛深き人間となるかということです。他のすべてのものを捨ててでも、この一点だけは断じて手放してはなりません。

もしみなさんが、断崖絶壁《だんがいぜっぺき》を登っているとして、上からロープが下がってきたとき、その命綱《いのちづな》を伝って、今、断崖を何とか登ろうとしているときに、少しでも重い物は捨てようとするでしょう。財布のなかの物や、上着や帽子《ぼうし》やリュックや、こんな物を全部投げ捨てて、しかし、それでも最後に決して投げ捨ててはならないものこそ、この、愛であります。

地上の生命と愛とを秤《はかり》にかけたならば、愛をとることです。

この、愛をとる道は、永遠の道です。この道は永遠に続く道です。ところが地上の生命を生かさんとして、それにとらわれている心が、実は自らを永遠の生命から遠ざけているのだという事実を忘れてはなりません。

## 2　愛の本質

### ①　与《あた》える愛

私はここで、愛の形式をお話ししようと思っているのです。一貫《いっかん》して私が言い続けていることは、みなさんが学び、実践《じっせん》するところの愛とは「与《あた》える愛」であるということです。与え続ける愛であり、無償《むしょう》の愛であると。見返りを求めない愛であると。こういうことを言い続けています。

これは一生言い続けるつもりです。この基本的なことが分からないならば、一生言い続けなければなりません。そのことだけでも分かったならば、そしてその単純なる教えが、この日本の全土に広がったならば、そして世界に広がったならば、この地球は輝《かがや》いて見えるようになるでしょう。

この単純な教え、「愛は与えるなかにある」というこの単純な教えが、この地上から廃《すた》れて久しいのです。二千年近く、愛の本質は忘れ去られてまいりました。しかし、私はもうこれ以上、我慢《がまん》ができません。

あなたがたの求めている愛は、
どれもこれも奪《うば》う愛ばかりではないか。
どの人もどの人も、
他人《たにん》からどれだけしてもらうかということばかりを求めているではないか。
砂漠《さばく》のなかで、
水が飲みたい、水が飲みたいと、
そればかりを求めて彷徨《ほうこう》しているではないか。
なぜ、力を合わせて生命の水を飲もうとしないのか。
自《みずか》らの足元を掘《ほ》れ。

そこから無限のオアシスが湧《わ》いてくるではないか。
その無限のオアシスを汲《く》み出す方法は与える愛にあるということが、
まだ分からないのか。

どれほど水が飲みたくとも、
水が飲みたいということばかりをみんなが言っていて、
どうしてその水が湧いてこようか。
力を尽《つ》くし、知恵《ちえ》を尽くして、なぜ足元を掘ろうとしないのか。
なぜ、みんなで力を尽くして、
多くの人のために、その生命の水を掘り出そうとしないのか。
なにゆえに、自ら一人がコップ一杯《ぱい》の水ばかりを求めようとするか。
自らの渇《かわ》きのみを癒《い》やそうとするか。
自らの渇きのみを癒やさんとする者は、その渇きは癒やされず、むしろ、他の多くの者の渇きを呼び起こすことになるであろう。
しかし、私はあなたがたに言っておく。
すべての者が渇きを訴《うった》え続けても、その渇きは癒えることはない。
その渇きを癒やさんとするならば、
一人でも多くの人間が、
他の人々の渇きを潤《うるお》そうと努力することだ。
そこに滾々《こんこん》と水が湧いてくる。
水はそこに実はあるのだ。そこに眠《ねむ》っているのだ。
それを汲み出そうとしないのは、
間違《まちが》ったその念《おも》いによるのだということが、なぜ分からぬか。
自らのその手に持った、自らの渇きを潤さんとする、そのコップを投げ捨てよ。
投げ捨てて、つるはしを取れ。
つるはしを取って、大地を打て。
そこに、水が溢《あふ》れてくるであろう。
両手にコップを持っていては、掘れまい。

ゆえに、私はあなたがたに言っているのです。

もらおうとするな。
奪う愛ということは、
両手いっぱいのそのコップに水をもらおうとして、
あっちの人、こっちの人が地上で右往左往《うおうさおう》しているその姿をこそ、言う。
そのコップを投げ捨てなさい。そして掘りなさい。

シャベルで、スコップで、つるはしで。

なぜやらない。なぜそれをやらない。

それを言っているのです。


これは当然のことですが、目先のことしか考えない人間にとってはそう簡単に分かることではないのであります。目先のこと、自分の口のなかの渇きだけを考えていては、決して分かることはないのです。

むしろ、多くの人々を潤そうとして、井戸《いど》を掘ろうとする人が現れることが、自らの渇きをも、他の者の渇きをも癒やすことになるということに、なぜ気がつかないのですか。

これは、単なるたとえではないのです。みなさん一人ひとりに言えることなのです。

よく、自らの心を止めて、自らの心を振《ふ》り返ってみていただきたいのです。そのように空《から》っぽのコップを差し出して、「水が欲《ほ》しい」と言って歩いているのは、ほかならぬ自分自身ではないかどうかを考えてほしいのです。そうではないのでしょうか。

一度なりとも、他の人のために井戸を掘ろうとしたことがあるか。一度なりとも、多くの人のためにつるべを落として、井戸の水を汲み上げようとしたことがあるか。自らよりも先に、他の人の渇きを癒やそうとしたことがあったか。よくよく振り返っていただきたい。

そうするときに、「ああ、何という心の狭《せま》さよ。何という、自らの小ささよ」、そう思わなかったら人間ではない。私はそう言っておきます。人間ではないというのは、「神の子であるということを忘れ去っている」ということなのです。

## ② 実践《じっせん》

さて、そうした比喩《ひゆ》を使って、自ら自身の過去をよくよく振り返っていただきたいと思います。「愛と知と反省・発展」というが、愛と反省も切り離《はな》されたものではありません。愛のなかには、すでに反省の要素が織り込《こ》まれているのです。愛を考えれば考えるほど、反省というものは湧きいでてくるのです。

自分の足らざる念い、至らざる念い、至らない言葉、至らない行動、数多く数多く思い出されて、そして心を去らないそれら走馬燈《そうまとう》のごとく映る影《かげ》は、すべて、自ら人に愛を与えず、愛を奪わんとして奪いきれなかった、その哀《あわ》れな姿ではないか。そう知っていただきたいのであります。

こう思うときに、あなたがたの一人ひとりは、「今、幸福の科学に学んでいても自分は何をしたらよいかが分からない」と言っていますが、そんなはずはないということに気づくはずです。そんなはずはないのです。

この単純な最初の教えがまだ分からないのか。「愛は与えるなかにある」と言っているではないか。

「幸福の原理」の第一は、愛の原理ではないか。
「愛がすべての始まりだ」と言っているではないか。
「ただ一つの教えをとれと言えば、躊躇《ちゅうちょ》なく愛の教えをとれ」
と言っているではないか。
それなのに、まだ何をなせばよいかが分からないというのだろうか。
その最初の一言《ひとこと》さえ、まだ理解できないというのだろうか。
その真実の教えを知ったならば、理解したならば、
それは必ずや行動になるはずです。
行動にならなければ、知ったとは言えません。
すなわち、愛が知になっているとは言えないのです。
愛が知になったとき、その知は行動を生み、
その行動は必ずや世の中のユートピア化を生みます。
すなわち、それは発展へとつながるのです。

もし、四正道《よんしょうどう》が難しいと言うならば、それが理解しえないと言うならば、それを実践《じっせん》し尽くすことができないと言うならば、私はあなたがたに言う。


愛さえ分かっていない。

最初の関門が通れていない。

最初の気づきが不十分である。


そう言っておきましょう。

この愛こそすべてであり、愛こそ始まりであるというこの一点を、もし心に刻み続けることができるならば、日々やらねばならぬことは明らかとなるでしょう。

朝起きたときに考えてごらんなさい。この愛の教えを実践するために、自分は何をせねばならぬかを。そして、夜寝《ね》る前に思い出してください。この愛という言葉を。そして、その言葉に照らした自らのこの一日を、また昨日《さくじつ》を、一週間を、一年を、そして半生を、思い出していただきたいと思います。

「いや、そんなことはとても思えない」と言う人もいるでしょう。

「なぜならば、自分は今、こんな苦しい境涯《きょうがい》、こんな苦しい悩《なや》みのなかにあるのだ。このような不公平がはたして許されるのだろうか。自分はこのような不利な立場に置かれている。神が愛ならば、人々を平等に愛さねばならないだろう。にもかかわらず、自分は今、こんな苦しみのなかにある。経済的な苦境にある。体はこのように不自由をしている。過去はこのような悲惨《ひさん》な過去であった。これでもまだ、『愛せよ』と言うのか。こんな私には多くのものが与えられてこそ初めて、神が愛であるということが分かるのであって、このような悲惨な状況《じょうきょう》にある私に、それでもあなたは『愛せよ』と言うのか」

そのように言う人もいるかもしれません。

しかし、私は言いましょう。

「だからこそ、『愛せよ』と言っているのだ」と。

あなたが、そのような過去を歩んできたということは、今そのような境涯のなかにあるということは、今そのような境遇《きょうぐう》のなかで苦しんでいるということは、あなた自身の魂《たましい》が、今そこに大きな修行《しゅぎょう》を、試練を、要求しているのだということです。

今世《こんぜ》だけではない。人生は今世だけではありません。過去世《かこぜ》があって今世があり、今世があって来世《らいせ》がある。これは釈迦《しゃか》仏教の根本《こんぽん》です。

すなわち、現在、自分自身の置かれているその境遇は、生まれてより後《のち》、自ら思ったこと・行《おこな》ったこととまったく相関した環境《かんきょう》が出ているのです。もしそれだけで説明がつかないとするならば、その過去世がいかなるものであるか、よくよく考えてみよ。そのような人生を今世歩まねばならぬ人間が、過去どのように生きたのであろうかということを、よくよく振り返ってみよ。

さすれば、今、与えられていない理由が分かるでありましょう。それは過去、自らが多くの人に愛を与えてこなかったからではないのか。ゆえにこそ、今そうやって与えられないことの苦しみというものを味わっているのではないか。さればこそ、与えられないということを嘆《なげ》いてはならないのです。それを愚痴《ぐち》ってはならないのです。

ゆえにこそ、「愛を与えよ」と言っているのです。私はこのように言っておきたいのです。

## ③ 貧者《ひんじゃ》の一灯《いっとう》

恵《めぐ》まれた人が、その恵まれたものの一部を割《さ》くということは、それは尊いことです。しかし、難しいことではありません。

しかし、逆に恵まれていない者が、そのほとんど空に近い袋《ふくろ》のなかから、何とかして与えんとしている姿は、実に素晴《すば》らしいものです。

「貧者《ひんじゃ》の一灯《いっとう》」ということを、みなさんにお話ししたこともあるでしょう。富める人が一万本のロウソクを寄付したところで、それは確かに尊い行為《こうい》ではありますが、しかし、神はほほえんで見られるにすぎないでしょう。けれども、貧しき者がなけなしの一本を、最後の一本を、自らのためではなく、人のために、世のために、神のために灯《とも》したとするならば、神は必ずや涙《なみだ》を流して喜ばれるであリましょう。

本当に豊かななかから与えることはたやすいが、貧しいなかにおいて――貧しいとは物質的、金銭的な貧しさのみではない――精神的に今、貧しいなかにおいて与えんとすることこそ、真に神を喜ばせることであり、真に自らの使命に気づいたと言えることなのです。

ゆえに、みなさんがたにお願いしたいことは、もし今、逆境のなかにあるならば、もし今、試練のなかにあるならば、今こそ、愛の教えを実践するときだということです。このときこそ、この瞬間《しゅんかん》こそ、今こそが、このわれにいかなる愛ありやを、われがいかなる人間であるかを、証明するときなのです。そして、自らが今後いかなる人生を生きていかんとするかを決めるときであるのです。

またあるときに、私はこのようにも説いたはずです。「愛は幸福の卵である」と。卵、生まれずんば、いかにして雛《ひな》が孵《かえ》ることがあろうか。いかにして、雛が親鳥となることがあろうか。その前にまず、卵が生まれるということが大事であります。

そして、その卵こそ愛であります。愛は幸福というものを生み出し、創り出していくための卵であるということを、別の機会にお話ししたことがあるはずです。

みなさんがたの苦しみの多くは、他から与えられない苦しみでありましょう。愛を与えられない苦しみでありましょう。その苦しみは、みなさんの地位や、みなさんの年収や、みなさんの、ある意味においては霊格《れいかく》にもかかわりなく、苦しみは苦しみとして降りかかってくるでありましょう。

しかしながら、それぞれの条件、素質にかかわりなく、どのような人生の達人であっても、法則は曲げられません。その法則は、「愛を生み出す者こそ、幸福となる」という法則です。「愛という名の卵を生み続ける人こそ、多くの幸福を享受《きょうじゅ》しうる」ということです。

愛という名の卵を数多く生み出しうるということは、あなたがた自身が、一歩一歩神に近づいているということなのです。あなたがたの魂の親がなさんとしていることを、そして今、現になしつつあることの一助を、みなさんが代わってやろうとしているということなのです。その一部をやろうとしているのです。無限に、その瞬間に、進歩を続けているということなのです。

## 3　愛の原理

### ①　包み込《こ》むこと

さて、いろいろな角度からお話をしてまいりましたが、さらに愛というものを違《ちが》った角度からも見ていきたいと思います。

今お話しした、「愛が幸福を生む」という考え方は、宇宙の大きな原理とかかわっております。それは、宇宙の二大原理といわれる「進歩」と「調和」の原理です。かつて愛は、主として調和の原理として説かれることが多かったことは事実です。

しかし、愛は調和の原理でもあり、進歩の原理でもあるということを、今回私は明言しています。『太陽の法』（幸福の科学出版刊）のなかに説かれたように、愛というものを水平的にだけ捉《とら》えるのではなく、垂直的にも捉えうるということを、明らかにしたはずです。愛というものは、この世に無限の高みと、無限の広さを求め続けるために必要なものであるということを、私はお話ししているはずです。

進歩の方向においては、人を愛するということによって、その人を限りなく押《お》し上げていく力としての愛があります。愛されたら、期待されたら、希望を与《あた》えられたら、人は奮い立ちます。そして、さらに伸《の》びていかんとします。当然のことです。そういう愛は進歩につながっていくはずです。

そして調和の方向において、もう一つの愛があります。それは、今、停滞《ていたい》し挫《ざ》折《せつ》している人間を、その人を、命綱《いのちづな》で結び、錨《いかり》に結ぶ、そういう行為《こうい》です。宇宙空間のなかで、母船から離《はな》れて漂《ただよ》っている人をロープで結びつける、そういう行為としての愛があるのです。

それは別な言葉で言うならば、悲しみに打たれ、苦しみの底に沈《しず》んでいる人を慰《なぐさ》め、暖かく包むための愛と言ってもよいでしょう。この愛も不足しています。多く不足しています。これを必要とする人が多くいるのです。傷ついた人も、また立ち直ることができるでしょう。それを信ずるということが、この愛であるのです。傷ついた小鳥も、やがて羽が元どおりに治ったならば、遠い旅に飛び立っていくことが可能となります。

この調和の方向での愛は、個が個と、個性が個性と、鎬《しのぎ》を削《けず》り、進歩を目指すときに起きる歪《ひず》みを埋《う》め合わせていくためのものなのです。

ゆえに、私たちは、限りなく優《やさ》しくしなければならないときがあります。自分に好意を持ってくれる人に優しくすることは簡単です。自分を評価してくれる人に優しくすることは簡単です。自分が、その人を好意的に見られる人に対して、優しくすることも簡単です。

けれども、もっと大きな愛もあるのです。もっと大きな愛とは、それは人間の起源を知っている人のみに許される愛でありましょう。私たちが、その起源に神の生命を持っていることを、そして、それから岐《わか》れてきたものであるということを知っているからこそ、多くの人を包みうる愛もあるでしょう。

私たちは、肉体を持って地上に生きているかぎり、さまざまな間違いを犯《おか》しやすい存在であります。さまざまな間違いを犯してきたでしょう。今も犯しているでしょう。しかし、それでも生きていることを許されているということは、大きな愛を享《う》け続けているということです。

もし、自《みずか》らが、いかに多くの罪を犯してきたかということに気がつくならば、今まだ命があるということが、どれほどありがたいことであるか、気づかずにはおれません。これほど多くの間違いを犯した自分であっても、神はいつもほほえんで見ておられた。私を生かしておいてくださった。この思いは、必ずや自分のうちだけにとどまっていることはできないでありましょう。

そうであるならば、そのまなざしでもって他の人を見たならば、どう見えるかということです。この世的には、是《ぜ》は是、非は非、それは認めなければならないこともある。許してはならないこともある。間違いは間違いとして言わねばならないことはある。その人の思いに反した行為をせねばならないこともある。それは、この世という世界に生きている定めとして、そういうこともあるでしょう。

しかし、それを超《こ》えたものもあるということを忘れてはならないのです。自らがそのように大きな包み込《こ》むものによって生かされてきたならば、その感謝に気がついたならば、なぜ、そのまなざしが他の者に向かないのでしょうか。他の多くの者も、自らと同じく過《あやま》ちを犯しながら生きているであろうが、自らもまた生かされているということは、今後、素晴《すば》らしくなるという可能性を残されているということではないのでしょうか。

それほど愚《おろ》かであった自分、間違いを犯してきた自分であっても、いまだに生かしておいてくださっているということは、今後素晴らしくなる可能性があると見てくださっているからではないのか。だからこそ、このようなマイナスの生き方であっても、自分がまだあるのだろう。

さすれば、他の人とてまったく同じ状況《じょうきょう》にあるはずではないか。今、目の前に見えるその人は、問題の多い、不幸を呼び起こすような人であっても、その人もまたそうした希望が与えられているのではないのか。そういう目を持つことが大事です。そう思うことがすべての出発点になります。

愛は与えることだと言いましたが、別の言葉で言うならば、愛は包み込むことでもあります。是非を超えて、善悪を超えて、包み込むことです。

神がこの宇宙を包み込んでおられるように、善悪を超えて他の魂《たましい》を包み込むこと、そのなかに愛の真骨頂が発揮されるのだと思います。

ちょうど親鳥が一生懸命《いっしょうけんめい》卵を孵《かえ》そうとして温めているように、孵ってくる子供が、たとえどのような運命のなかを生きていくとしても、それを知らずに無心に温め続けねばならないときもあるのです。

一人ひとりの人を正しい方向に導いていくためには、厳しい指導も必要なことがあります。その悪を厳しく叱《しか》ることもあります。それは人生において、必要なことです。

しかし、それを超えた大きなものが常にあり続けるということだけは忘れてはなりません。それを忘れたら、すべてが無駄《むだ》になってしまう。この世界が創られた理由のすべてが無駄になってしまうのです。

この世界が創られたときに、神はこの世界を、決して不変の、頑丈《がんじょう》な鉄筋コンクリートのような、そんな建物を建てるつもりで創ったのではないのです。この「世界」という名の揺籃《ようらん》、ゆりかごのなかで、赤《あか》ん坊《ぼう》がいろいろなことをするであろうということは知りながら、神はそのゆりかごを無心に揺《ゆ》り続けておられる——。それが、私たちの住む世界の真実の姿です。

## ② 素晴《すば》らしさの発見

そのなかで私たちはいろいろなことをなしていきますが、それは決して、私たち自身が一個の完成品のごとく変わらず、変化する余地もないものであることを求めているわけではありません。私たちは、常に変化を許されている、変化を期待されている存在です。その変化とは、たとえどのような泥《どろ》のなかを、泥沼《どろぬま》のなかを潜《くぐ》っても、必ずやまた正常になれるという、そうした変化の期待です。

泥沼のなかに投げ入れたとて、ダイヤモンドがその本質を失うことは決してありません。私たちは、遥《はる》かなる昔に神より岐れた生命であるならば、たとえ今、そのダイヤモンドが靴《くつ》で踏《ふ》み敷《し》かれようとも、沼のなかに落ちようとも、石炭殻《がら》のなかに紛《まぎ》れようとも、しかしダイヤはダイヤであるのです。

今、輝《かがや》きを放っているか否《いな》かは問わない。しかし、本質はダイヤモンドである。たとえ、何トンものトラックが、何トンものローラーが、その上を通り過ぎていこうとも、ダイヤモンドはへこまない。逆にその巨大《きょだい》な、何トンもあるその大きなローラーに穴があき、へこんでいくのです。ダイヤモンドは鉄よりも硬《かた》いのです。どのような鉄の塊《かたまり》も、ダイヤモンドを押し潰《つぶ》すことはできないのです。それを変形させることはできないのです。

私は先ほど、「神が大いなる目でもって私たちを許しておられるから、その目でもって他の人に接しなさい」とお話ししましたが、違った話をするとするならば、次のようになります。

神の本質はダイヤモンドであり、私たちの本質もダイヤモンドであるのだ。本質がダイヤモンドであるのに、なにゆえにそのダイヤを捨てるか。そのダイヤを値打ちがないとするか。表面に泥がついているものは、汚《きたな》く見えるであろう。その泥そのものは取り去る必要がある。「それを取り去りなさい」と言っているのです。それは、反省しなさいということです。

他のものを得ようとして、人の愛を奪《うば》わんとしてやっていることが、いつの間にかダイヤモンドの周りに煤《すす》をつけ、そしてゴミをつけ、泥をつけていることもあろう。しかし、それを取り去れ。拭《ぬぐ》い去れ。しからば、光が出てくるであろう。そして、その光は、何億年も以前から、少しもその光を減ずることのない、偉大《いだい》なる、高貴なる光であるのだと、そう言っているのです。

そうすると、ここにまた愛についての違った視点が出てきます。他の人をなぜ愛するか。それはダイヤモンドだから、素晴《すば》らしいものだから、本来光り輝いているものだから。だから、素晴らしいものを、「素晴らしい」と言うことに何のためらいがありましょうか。何の間違いがありましょうか。なぜ、愛するか、それは素晴らしいからなのです。

それはちょうど、こんなたとえ話でも説明がつくでしょうか。みなさんはなぜ、美しい花が好きですか。なぜ、美しい花を見たら素晴らしいと思うか。好きだと思うか。その説明は十分にはできないでしょう。なぜ、その花を欲《ほ》しがるか。素晴らしいと思うか。いいなと思うか。その説明はできないかもしれません。

けれども、やはり素晴らしいと思えるということが、そのすべてであるのではないのでしょうか。素晴らしいと思えるからこそ、その花を愛するようになるのではないでしょうか。私はそう思います。素晴らしいということは、そこにある価値を発見することです。

すなわち、他の人のなかにある価値を発見することによって、私たちはそれらの人たちを愛することができるようになるのです。人を愛せないということは、他の人のなかに潜《ひそ》む価値を発見できないでいるということにもほかなりません。ゆえに、私たちは、「自らが許されているから、他を許さなければならない」という考えのみならず、「自らも素晴らしい者であるが他の者も素晴らしい、素晴らしいと見えるからこそ愛せる」という、そういう積極的な面も併《あわ》せ持たねばなりません。

自らが愛少なきことを嘆《なげ》いている人よ、あなたがたに言おう。愛を与えるということが、そんなに難しいか。ならば、言葉を換《か》えよう。他の人のなかに素晴らしいものを発見せよ。あなたは、他の人のなかに素晴らしいものを発見したことがあるか。素晴らしいものを発見したことがないならば、それは、あなたが今まで愛を与えてこなかったということなのだ。

自らが愛を与えたか与えなかったか、分からない人よ。あなたは、他の人のなかに素晴らしいものを、過去発見してきたことがあるか。そうであるならば、それは愛を与えたということに等しいのだ。

世の中には、数多くの花が咲《さ》き乱れており、数多くの宝石がちりばめられています。それぞれの花は、それぞれの宝石は、その美しさを見いだされることを待っているということを忘れてはなりません。

私たちは、ああした簡単な花でさえ、その色をほめ、その形を愛《め》でるではありませんか。素晴らしいチューリップである、素晴らしい桜の花である、素晴らしい紅葉《もみじ》である。そういうものをほめるではないですか。大自然のなかにあるものをほめてみるではないですか。

彼らはなぜそんな美しい花を咲かせているのでしょうか。チューリップには目があるわけではありません。それなのに、その美しい花をなぜ咲かせるのか。桜の花に目があるとは思えない。なにゆえに、美しく花を咲かせるのか。梅の花に目があるとも思えない。その色合いが分かるとも思えない。なにゆえに、白梅《はくばい》が、紅梅が咲くのでしょうか。

それは、そこに誰《だれ》かを喜ばそうとする念《おも》いがあるのです。自分を見るものを喜ばせようとする念いがあるのです。そうした念いが草花のなかにもこもっているということは、彼らはその存在において、素晴らしいものを持っているということなのです。

この素晴らしさを発見することは、目がついている人でなければできないのです。目がついている人にそれを見てもらわなければ、彼らが一生懸命に健気《けなげ》に花を咲かせているその意味が、彼らの愛が分からないのです。

目がついている者は、それを見てやらねばなりません。それが彼らに対する愛です。美しいものを美しいとして見てやることが、一生懸命にやっていることを認めてやることが、それが愛のはずです。

草花に対してさえ、そういうことができるのであるならば、まして生きている多くの人間に対してはどうですか。あちらに、こちらに、一生懸命に生きんとして、花を咲かせんとしている人が、いっぱいいるではないですか。それをなぜ、見てあげない。それをなぜ、認めてあげない。それは大切なことなのです。

この言葉をどうか忘れないでいただきたいと思います。素晴らしさを発見するということ、それは人を愛するということと同じであるということを。同義であるということを。他の人のなかに素晴らしさが見えなくなったとき、そのときに愛は止まる。そのとき、愛はその動きを止めるのです。その生命を止める、その呼吸を止めるのです。

常に自らに問うてほしいのです。今日一日、あなたはどれだけの人に接して、どれだけの人を素晴らしいと見たか。どれだけ多くの人のなかから、その素晴らしい光を見いだしたか。それが、いかに多くを愛したかということと同じであるのです。

与える愛と言って分からないならば、そう言い換えましょう。あなたは、どれほど素晴らしいものを今日見つけたか。あの草花のなかにさえ見いだせるようなものを、最高の霊長類《れいちょうるい》と言われる人間のなかに見いだせなかったというのか。さすれば、あなたがたの目は開《あ》いていながら、開いていないも同然ではないのか。その事実を恥《は》ずかしくは思わないのか。それをよくよく振《ふ》り返って考えてほしい。これが、世の中を調和していく愛の原理として、大切な考え方の二つ目です。

## ③　愛することそのものが幸福である

そして、もう一つだけ申し添《そ》えておきましょう。それは、「その対象が素晴らしいから投げかける愛」という話もしましたが、「究極の幸福とは、愛そのもののなかにある」ということも、私は語っておきたいのです。

愛することができるということは、それ自体で素晴らしいということを忘れてはなりません。そういう念いを出せる自分であるということは、誇《ほこ》らしいことです。そういう自分であるということは、喜びです。愛そのものが大きな価値であるということを、大きな光であるということを、大きなエネルギーであるということを、忘れてはなりません。何のために愛するかではなく、愛するということそのもののなかに、無限の喜びがあるということを知らねばなりません。

残りの人生、何年か、何十年かの間のなかで、必ずやその心境に達していただきたいのです。何のために愛するかではない、誰のために愛するかではない。「愛するということそのものが幸福である」というその念いを、「愛即《そく》幸福、幸福即愛」という、その心境をどうか得てほしいのです。それが、姿を変えた「悟《さと》り」ということでもあるのです。

これが、実は霊的な幸福の頂点にあるものです。愛即幸福、幸福即愛、その念いは、私たちがこの肉体に縛《しば》られた物質の世界に生きているということを、現にこの世界におりながら、この世界にいるということを、まったく無に等しい見方をしているということになります。ゆえに、愛することが幸福であるという心境に達した人は、執着《しゅうちゃく》も断《た》ち、解脱《げだつ》をしているということにも等しいのです。ここに一つの悟りの世界が展開するということです。

なにゆえに愛するかの「なにゆえに」がなくなったときに、ここにあなたは執着を去ったことになります。執着を去り、自由自在の仏の境地が現れることになるのです。自らを自由自在にしたときに、自由自在になった姿が愛を与え、それを幸福と思う自分であったならば、それこそが、悟りを開いた人間の、実相人間の、仏の姿でもあるということなのです。

簡単なかたちで、悟りの話もしてみました。このように、愛という一つの入り口から、みなさんは真理の世界のすべてを見ることができるのです。「あまりにも教えが多様であり、膨大《ぼうだい》であるから分からない」と言うならば、以上の話のなかで、もう一度、自分自身の考え方を見つめ直してください。それは、そう難しいことを言っていたわけではないはずです。

いろいろな見方がありますが、一つのその覗《のぞ》き穴から見たときに、たぶん世界が見えてくるでしょう。愛という名の覗き穴から、世界が見えるでしょう。真理のすべてが見えるでしょう。どうか、そのことをしかと胸にとめて、学びとしてください。

第2章

# 知性の本質

一九八九年十月十八日　説法《せっぽう》
東京都・千代田《ちよだ》区公会堂にて

# 1　現代的知性の問題点

## ①　教育への信仰《しんこう》

最近の新聞の調査によると、「七割の方が、神仏あるいは宗教というものを信じない」ということです（説法当時）。私もそれほどの比率になっているとは思っておりませんでした。まことに残念なことであります。

なぜ、神や仏、霊《れい》、宗教というようなものが、それほどまでに受け入れがたいものとなってきているのでしょうか。そう考えてみると、これは根本《こんぽん》においては、教育にその端《たん》を発しているのではないかと感じられるわけであります。日本における教育に間違《まちが》いがあるのではないかということです。

教育というものは、決して間違ったことを教えないということが前提になっています。教わる側としては、「これは正しいことであって疑いを差しはさむような内容ではない」と言われていますし、そのために受験勉強をやっているわけで、もし学んでいる対象がいいかげんなものであるならば、エネルギーを費《つい》やして、受験のために勉強をするということ、百点を目指して勉強をするということが、まことに無意味なことになってしまいます。

ゆえに、教育というものの根本には、百パーセントの正しさ、あるいはそれに近いものを秘《ひ》めているとする、一種の信仰《しんこう》があるわけです。この信仰が、真実の信仰を奪《うば》ってしまっているところがある。そのように私は思います。

先般《せんぱん》、「すばらしい世界旅行」というテレビ番組を観ておりまして、面白《おもしろ》いなと思ったことがありました。

場所で言いますと南アメリカ、ブラジルの奥地《おくち》のほうに当たるのですが、そこでブラジル政府がダムを建設しようと計画しているわけです。ところが、そこには先祖代々住んでいる民族がいるために、建設ができないでいるのです。そこの酋長《しゅうちょう》さんが、テレビに出てきたのですが、下あごの歯ぐきと唇《くちびる》の間に木の板を入れているのです。あごのところが非常に出っ張って、よくこれで話ができるなと思うぐらい、下あごをパクパクさせながら話をしておられました。ああいう状態で話をして、よく発音ができるものだなと思います。身なりは裸《はだか》に近く、入墨《いれずみ》みたいなものを描《か》いて、槍《やり》を持って歩いていました。

彼とブラジル政府の人とが話をしていたわけです。

政府の側は、「ダムをつくるとどれほど電力というものができて、そしてみんなが助かるか」という話をしているのですが、酋長のほうはそれを認めようとしません。

「川というのは先祖伝来のものである。われらはダムができたら魚が捕《と》れなくなる。また、狩《か》りがだんだんできなくなる。あなたがたは『電力のためだ』と言っているが、ほかのところを見てみると、ダムのできた周りは開発されて、森が荒《あ》らされて、生態系が乱れて、そして動物たちがいなくなったではないか。私たちを騙《だま》して、またそうしたことをするつもりであろう」

「もっと気に食わないことは、あなたがたは私たちの村に来て、私たちを説得しようとするが、その態度自体はいったい何であるか。われらを子供のように扱《あつか》っておるではないか。われらはちゃんとした大人である。四十年、五十年、六十年の人生経験を経《へ》てきているのである。そういうわれらに対して、子供扱いをするとはどういうことか。おまえたちはそんなに偉《えら》いのか」

というようなことを、通訳を介《かい》してですけれども、酋長さんが言っておりました。私はそれを見ていて、非常に根源的なテーマというものを感じました。

文明というものは、その文明を持っていない人たちに対する軽蔑《けいべつ》をもたらすもののようです。「われらは進んでいる」という考え方は、そうした文明を持っていない人に対する軽蔑を含《ふく》んでいる。そして態度として、おのずから彼らを子供扱いするようなものが、そのなかにあるのだということを思ったのです。

その酋長さんの毅然《きぜん》たる態度に私は深いものを感じました。彼らは結局のところ、ダムの意味というのは分からないのです。いくら説明を受けても分からないのですが、自分たちの言わんとすることだけは、はっきりしているわけです。すなわち、「自分たちは先祖伝来そこに住んできて、そういう利益を享受《きょうじゅ》してきた。川には川の神がいる、山には山の神がいる。われらは、そうしたものを信仰してきた。その川の神という方がいるのに対して、ダムをつくるということは、いったいどういうことであるのか。彼らの怒《いか》りを招くであろう」と言っているのです。

文明世界を代表する政府の側は、そんなバカバカしい話は聞いていられないのです。彼らが考えていることは、一部の住民の利益と、ブラジル全体の利益との比較《ひかく》でしかないわけで、まったくバカバカしいと思って聞いているわけです。

けれども、真実の目から見たらどうであるかと言うと、それが無視できるものでないことは事実であります。彼らが幼く、何千年も何万年も同じような生活をしてきたと言ってバカにしているかもしれないけれども、そのなかには真実のものが確かにあるし、「われらを子供扱いするな」と言った、その毅然として発する言葉のなかには、真実のことを知っているという自負があったように、私は思いました。

このへんに、知性あるいは知というものを考える際の現代的な問題点があると、私は深く感じるに至った次第《しだい》であります。

それは何であるかと言うと、先ほども述べましたように、知性というものが優《ゆう》越《えつ》感を生み、そして他を裁く役割を果たしているということです。これが現代的知あるいは知性の持つ、大きな問題点であると私は感じます。

## ②　パラドックスの発生

しかし、この知性の持つ優越感と他を裁く働きというのは、少なくとも、その前提が正しくなければ意味がないことになります。それは、そうした行為《こうい》をしている人たちが知っているとする事実が、真実のものであるのかどうか、これが第一点であり、もしそれが真実であるとしても、その知識を使うということ、行使するということにおいて、それがはたして他の人々を、真に幸福にする方向に使われているのかいないのかという、この知識の使用の段階において、次なる問題があると感じるものであります。

こうしてみると、われらは現代において、学問といわれるものの単純な成果に酔《よ》いしれすぎているのではないでしょうか。われらが学校において学んできた学問というものが、真実のものであるかどうかということを、はたして検証したことがあるのか。それを実際に、自分が納得《なっとく》するまで調べてみたことがあるのか。本当にそれがそのとおりであるということを知っているのかどうか。

いや、そんなことはないはずで、「活字になっているからそれを鵜呑《うの》みにしている」というのが大多数のあり方でありますし、「他の多くの人が、それをそうだと信じているから、自分もそのように考える」というのが、多くの人たちのあり方ではないでしょうか。

それに対して、「あなたはそれを確認したことがあるか」というふうなことを問うということは、一種の信仰に対する妨害《ぼうがい》に近い役割を果たしているわけです。「みんながそう思っているから信じているという、その信仰を奪うことにもなりかねない」という、こういう逆説、パラドックスというものが発生してきているのです。

しかし、この知の世界においてまさしく大事であることは、既成《きせい》の概念《がいねん》、正しいといわれていること、真実のものであると思われていることが本当のものであるのかどうかと、いま一度、疑ってみる必要があるということです。

私たちは今、大きな逆説に直面しているわけであります。今まで、近代の科学、および科学を含むところの学問が、ここ百年、二百年の間でやってきたことは、まさしく神の世界、あるいは霊の世界、宗教の世界への懐疑《かいぎ》であり、この懐疑が単に懐疑にとどまらず、事実であるということ、すなわち無益なものであり誤謬《ごびゅう》であるということを立証するという、そういう役割に徹《てっ》してきたわけです。しかし、今われらは、この二十世紀の最終段階にある地点において、これを引っ繰《く》り返さねばならないところに来ているわけであります。

すなわち逆に、その学問、教育、その知識といわれるものを疑う。「あなたがたは単純にそれを鵜呑みにしすぎてはいないか」ということを疑う。こういう逆説が必要になってきているのであります。

真実の世界を知ったならば、例えば唯物論《ゆいぶつろん》というようなものは、もはやありえないということが明らかになっているのです。嘘《うそ》だと思うならば、物理学の最先端の理論を勉強してみればよいでしょう。そこに出てくる素粒子《そりゅうし》の理論は、もはや唯物思想では絶対に説明ができないところまできているのです。

そこに出てくる素粒子といわれるものは、忽然《こつぜん》と現れ、忽然と消えていくものなのです。突然《とつぜん》出てきて、突然消えていきます。突然波になったり、光になったり、エネルギーになったり、また固まりになったり、はね返ったり、通ったり、自由自在の世界なのです。こんなものが、はたして今までの考え方のなかでありえただろうか。それはいったい何なのだろうか。もはや常識というものが常識で通用しない、そういう世界に来ている。アインシュタインも、そう言ったはずです。

アインシュタインの相対性理論のなかには、私たちの肉体五官の感覚ではとうてい理解できないことが、いくらでも述べられています。

例えば、光速に近い速度で宇宙空間を旅行すると、私たちの体は伸《の》び縮みしたりします。あるいは時間でさえ伸び縮みする。空間も変わってきます。ちょうど丸い鏡、凸面鏡《とつめんきょう》や凹面鏡《おうめんきょう》に自分の姿を映してみると、凸面鏡に映したならばのっぽに見え、凹面鏡に映すと小さい太った体になるように、私たちが真実見ている世界が、どちらが本当であるかが分からない世界、その分からない世界のほうが真実であるということを前提にした理論が、物理学という世界のなかで現にあるわけです。そうした、「不確定なもののほうが真実で、確定していると思っているほうが真実でない」という理論が主流になろうとしてきているわけです。

この奥にあるものは何であるかというと、私たちが手や足や耳や目や鼻や口を通じて感じ取り、確かであったと思うものは、すべて疑ってかからねば分からないということであります。

そのように、物理学の理論においても、どんどんと根本思想は変わっているにもかかわらず、私たちはあくまでも古い、ニュートン力学的な世界、縦・横・高さの世界のなかに安住しているのです。

この世界を超《こ》える必要がある。すなわち、観念的な学問の世界においても、「縦・横・高さという、そうした形あるものを中心にして、他のものを測っていく」というものの考え方をやめていかねばならない。「本当は、変幻自在《へんげんじざい》な念《おも》いの世界こそが実在であって、変わらないものと思われているものこそが、実は変わりうるものである」という、こうした逆説を認めざるをえない段階に来ているということであります。

私たちの肉体の細胞《さいぼう》一つを取ってみても、これらは一年間同じであり続けることは、ほとんど不可能に近いと言われています。百日や二百日で、この細胞は死に、新しいものと変わっていくわけです。私たちの体で、生まれ落ちたときに持っているものは、何一つとしてありません。それらは新しい食物を摂取《せっしゅ》し、それが新しい体となってきて、古いものは壊《こわ》されて滅《ほろ》び去っていきます。

こうしてみると、私たちが確固たるものとしているこの肉体も、肉体そのものがそのままであり続けるということはないということなのです。肉体そのものが私たちの主体であるとするならば、この主体が変わっていくということは信じがたいことであります。

## ③　コンピューターのたとえ

コンピューターを例にとってみてもよいでしょう。コンピューターの部品を次々とバラバラにして、そして新しいものに入れ替《か》えていく、どんどんどんどん違ったものに入れ替えていく。さて、それで同じコンピューターと言えるのだろうか、どうなのだろうか。

そこにコンピューターがあるとして、その部品を取り、また新しい部品を入れる。また取り、新しいのを入れる。そして、数十日や、あるいは数百日で、全体が入れ替わってしまうようなコンピューターがあるとする。そうした、日変わりのように変化していくかたちのコンピューターとするならば、それを見て、みなさんがたは、いったい何がそのコンピューターの実質、実体だと思うでしょうか。

それは、コンピューターといわれる機械の外観では決してないはずです。その装置の機能そのものでもないはずです。そうではなくて、コンピューターといわれている、そうした機械が持つところの、その中心の理念そのものが永続しているということが分かるでしょう。

人間が考えたり、あるいは製図をしたり、いろいろなプランを練ったりすることの補助をする役割をしている、そういう機械としての理念だけが生き続けているのであって、その装置そのものは同じものではありえない、そう思うでしょう。

そして、それが真実であるのです。

われわれの肉体といわれるものも、まったく同じであって、赤《あか》ん坊《ぼう》として三千グラムぐらいで生まれたものと、数十キロある現在の肉体とが、まったく別なものであるのに、同一人物だと認定されているとするならば、その人間そのものに備わっているところの、統一する理念そのものがあるということを、認めているということであります。それこそがその人自身であって、その人の移りゆく肉体はその人自身ではないということです。

脳の細胞にしても同じです。これだとて同じものは残ってはいないのです。次から次へと変わっているのです。

このように、今、われらに求められているところの意識の変革ということは、動かざる、固定した、不変のものを中心とするものではないのです。逆に、この世の中は変転に満ちており、変転のなかに真実のものがある。いや、変転のなかにおいて変わらない一定のものを見いださなければ、アイデンティティーを得たとは言えないということになるわけであります。

この考え方から言うならば、諸学問のあり方というものは、すべて変わっていくことになりましょう。

さまざまな学問がありますが、それら諸学問、例えば哲学《てつがく》なら哲学という学問の例をとるならば、これを捉《とら》えて〃哲学とはかくなるもの〃というふうに取り出すことはできません。現に、われらの多くが学んでいるものは「哲学」学であって、哲学ではありません。哲学というものは、未知なるものの探究であり、そのために費やされるところの人間の思考のエネルギー、思惟《しい》といわれるものの、そのあり方にほかならないのです。

にもかかわらず、逆に、過去の人間で本当の哲学を考えた哲学者といわれる人が書き著《あらわ》したところの、そうした知的生産物を研究することをもって、哲学と言っている。これは、まったくの誤解であるわけで、そんな過去の遺物や、あるいは活字の塊《かたまり》そのものは、哲学でも何でもありません。それは、一定の時代条件のもと、一定の人々を相手にして、ある人が構築した思想の、言ってみれば建造物であり、今という時代にあっては、もはや老朽《ろうきゅう》化した家屋にしかすぎないということであります。

大事なことは、その哲学のなかに流れるところの目的であります。理念でありま す。これが真に大事なものとなっているわけであります。

学問全体について、ここでお話をするわけにはまいりませんので、次にこの哲学の理念を中心とした話をして、知性の本質に迫《せま》っていくことにしたいと思います。

## 2　真実の智慧《ちえ》

### ①　哲学者《てつがくしゃ》とは

そもそも哲学《てつがく》というものは、何のためにあるのか。この語源そのものは、もちろんギリシャの時代に遡《さかのぼ》ります。そして、そのフィロソフィーといわれる言葉、そのものに由来します。

哲学者たちは「フィロソファー（智慧《ちえ》を愛する者）」というふうに呼ばれていました。知を愛する者と言ってもよいでしょう。こうした者が哲学者でありました。目には見えない知なる実体を求めて、あてどなくさまよっている、そういう人の群れのことを哲学者と呼んだわけであります。この目には見えぬ実体、知という実体、智慧というもの、真実の智慧というもの、これが何であるかを見極《みきわ》めようとして、努力し、努力し、営為《えいい》を重ねてきた人たちのことを哲学者と言うのです。

さすれば、現代の哲学者とは、大学の教壇《きょうだん》に立って、教鞭《きょうべん》をとっている人のことを言うのではないのです。現代の哲学者とは、あらゆる仕事のなかにおいて、環境《かんきょう》のなかにおいて、人間の生きる意味を考え、智慧の意味を考え、世界をよくしていくための方法を考え、そして考え続け、自分なりのものをつかみとり、それを人に教えるに至った者のことを哲学者と言ってよいのであります。

幸福の科学で成さんとしていることも、これは別の意味においては、数多くの哲学者を輩出《はいしゅつ》せんとしているわけであります。みなさんは哲学者にならんとしている。みなさんは誰《だれ》よりも知を愛しているのです。みなさんは誰よりも智慧を愛している。ときに、その智慧は真理といわれることもあります。しかし、これは古くから哲学者が愛してきたところの知と、まったく同じものであるのです。

幸福の科学において学びを進め、そして講師となって人々に法を説く人たちは、ある局面では、もちろん宗教家として立ち現れることもあるでしょうが、別の局面においては、自《みずか》ら哲学者であるということを表明せねばならないこととなるでしょう。

不可知なもので満ち満ちているこの世の中に説明を与《あた》え、そして生きるための光明《こうみょう》の出口を指し示すこと、これは、永らく哲学者がやらねばならぬこととして努力してきたことであるのです。

人生の意義を説き明かすことができるならば、哲学者の使命の半《なか》ばは達成されたと言ってもよいのです。そして残りは、人生の意義のみならず、この世界の持つ意味を説き明かすということであります。

しかし、世界の意味を説き明かすという営《いとな》みは、極めて困難なものとして、過去捉《とら》えられてまいりました。イカロスというギリシャの少年の話がありますが、哲学者の使命というものは、ちょうど太陽に向かってどこまでも飛んでいこうとする、あのギリシャ神話に出てくるイカロスという少年の姿にも見えます。あまりに太陽に近づいて、やがて羽をつけたところのロウが溶《と》け落ち、自らも墜落《ついらく》していくことになるわけでありますが、あの無謀《むぼう》にも見える探検に似ているように思います。

それは、言葉を換《か》え、宗教的なる言辞《げんじ》を使うとするならば、神に向かっていく旅でもあるからで、この一人の人間の翼《つばさ》には、その永遠に見える飛行距離《きょり》があまりにも遠すぎるからであります。

いかほど空高く舞《ま》い上がったとしても、一人の人間の視野から見えるこの地球の姿は、果てしなく広大であって、とてもその全光景をつかみきり、それを多くの人に説明し尽《つ》くすことは難しいのです。

けれども、こうした果てしないロマンのなかにあって、あくまでもその努力を捨てることをせず、探究し追究して、そしてその探究・追究のなかにおいて、思い半ばにして、志《こころざし》半ばにして、理想半ばにして死していく仲間のことを、私は勇気ある哲学者として尊敬したいと思うのであります。

私はいろいろな角度から、真理というものをみなさんにお話しすることがあります。あるときには、「三宝帰依《さんぽうきえ》」というような説明をすることもあります。「真実の法の前に帰依し、それを信じよ」と言うこともあります。あるときには、「正しき心を探究せよ」と言うこともあります。またあるときには、「みなさんは哲学者になれ」と言うかもしれません。

世界が真実の智慧を、知識を、そして叡智《えいち》を求める人たちの集まりになるならば、きっと今日より明日《あす》は素晴《すば》らしいものになるでありましょう。明後日《あさって》は明日よりも、もっと素晴らしいものになるでしょう。一年後は、人類はもっと進歩していくでしょう。十年後は、さらに素晴らしいものとなっていくでありましょう。

この地上が、あらゆる問題を解決し、そして叡智に変えていこうとする人たちの集まりになったならば、おそらくは地球というものを遠くから眺《なが》めたときに、それはまことにまことに美しい、一つの宝石の塊《かたまり》のようになっているでしょう。大きな宝石の塊のなかに、表面に小さな小さなダイヤモンドが、あちらにもこちらにもきらめいている、そうした素晴らしいものに、おそらくなっていくでありましょう。

「反省ということを通して、みなさんは後光《ごこう》を出し、光が出る」という話をしたことがあります。これは今、哲学という角度から探究していくとするならば、みなさんが直面する問題と取り組んで、そしてその問題を解決し、知性の光を放ったときに、そこにもまた明らかに素晴らしいきらめきが出るという真実を語っておきたいと思います。

霊的《れいてき》な目でもって説明をするとするならば、あのたとえようもないブルー、明るいブルーに近い、叡智の光が輝《かがや》きます。生きておりながら哲学者として称《しょう》されるような人には、霊的な世界から見たならば、頭の周りにそうしたブルーの王冠《おうかん》に似たものが光っているのです。真の叡智を得んとして努力し、それを自分のものとし、そして地上において、地上の叡智をさらに一歩進めた者、彼らはすべて明るいブルーに満たされた王冠を頭に戴《いただ》くことになります。比喩《ひゆ》的に語っていますが、霊的な真実であります。

みなさんはキリスト教の絵を見て、天使の頭の周りに輪があるのを見たことがあるでしょう。仏教の絵を見て、後ろに大きな後光を背負っているのを見たことがあるでしょう。しかし、哲学者が背負っているものは何であるかというと、あの月桂冠《げっけいかん》にも似たブルーの光であるのです。それが頭の周りに巡《めぐ》ってくるのです。それは、みなさんが真実の智慧に目覚めたときに、必ずや現れてくる霊的な現象であります。

## ②　第一段階――すべてを白紙に戻《もど》す

では、その真実の智慧に目覚めるというのは、どういうことを言うのでしょうか。真実の智慧に目覚めるとは、いかなることを言うのでしょうか。これについて、幾《いく》つかの説明をつけたいと思います。

真実の智慧に目覚めるということは、まず、今までみなさんが学んできた、教育であるとか、あるいは他の人から教わったこと、自分が見聞してきたこと、これらをすべて白紙にできるということが、第一段階です。これらに頼《たよ》らずに考えることができるということが、第一段階なのです。

人間はどうしても、かつて学んだことに、聞いたことに、教わったことに、正しいと言われたことに頼ってしまいます。それによって判断しようとしてしまいます。これは、抜《ぬ》きがたい、取りがたい習性としてあるのです。ここにおいて、われらは、真なる知者となるために、逆説に満ちてはいるかもしれませんが、現時点までに身につけたところの知識と経験をすべて否定せねばならないのです。これが、第一段階に明らかにある事実です。真実の知者にならんとするならば、捨て去らねばなりません。

別な言葉で言うならば、先入観というべきものです。考えてみるならば、五十二億人（当時）の地上に住んでいる人間は、それぞれ違《ちが》った国に、違った肌《はだ》の色で、違った人々の間に、違った生活環境に生まれてきています。あなたは今、そういうものの考え方をしているが、あなたがアフリカに生まれたら、同じようなものの考え方をしたでしょうか。ヨーロッパに生まれたらどうであったか。アメリカならばどうであるか。そう言われたときに、まったく同じ考え方をするということを、自信を持って言えるでしょうか。

もし、自信を持って、「どこの国に生まれたとしても同じ考え方をする」と言う人がいたなら、その人に対して、私はここで語る必要はないと思います。そういう人は、そういう世界で一人で生きていきなさい。そのなかには多くの誤謬《ごびゅう》が詰《つ》まっています。そうした誤謬という名の砂漠《さばく》のなかで、一人で住むならそれもよいでしょう。しかし、哲学者という者は、白日のもとに、すべての真実を明らかにするということを、その使命にしているのです。そうであるならば、「どこに生まれても同じ考え方をする」と安易に思えるような人であるならば、まず、その哲学の使命を担《にな》うことはできないのです。

問いかけられてみれば、アフリカに生まれて同じ考え方をするかどうか、自信がなくて当然です。ニューヨークに生まれて同じことを考えるかどうか、自信がないのが当然です。

そうであるならば、今、自分がこういうものの見方が真実であると思っているその思いは、本当に正しいかどうか、どうして分かるでしょうか。分かりはしないはずです。それはあくまでも、自分が今まで数十年の人生を生きてきたという、そうした特殊《とくしゅ》な環境のなかにおいてつくり出されてきた考え方ではなかったのでしょうか。そうであるはずです。

真実のものを得んとするならば、真実の見解を得んとするならば、正しい見方を得んとするならば、まず、今までの知識を捨てよ。経験を捨てよ。そして白紙にせよ。白紙にしたときに初めて、物事の色合いというものが見えてくるでしょう。

白いものの上に置いてこそ初めて、色というものは見えてくるが、他のいろいろなもの、さまざまな色彩《しきさい》のなかに置いたら、そのものの真実の色彩は分からないのです。真実の色彩を見んとすれば、白きものの上に置けということです。白きものとは何でしょうか。われらの目において白く見えるものは、七色《なないろ》の光線のすべてを反射している色です。白そのものは色ではない。七色の光線をすべてはね返す、さすれば白となる。この白という色は、何ものにも染まらないという意味合いを持っているのです。まず、こうした魂《たましい》の生地《きじ》をつくるということが、真実の智慧を得るための第一歩であります。

## ③ 第二段階――あらゆる角度からの分析《ぶんせき》

その次にはどうするか。自分という一個の人間を、その真っ白いキャンバスの上に置いて、さあ、どう見る。自分という人間をどう見る。あるいは、そこにあるところの問題をどう見るかということです。

ここで必要なことは、できうるかぎりの可能性を探究してみるということです。例えば、自分という人間をまな板に載《の》せるとするならば、自分という人間は、先入観をすべて取り払《はら》ったとして、いったいいかに見えるか、どのように評価されてよい人間であるのか、どのように考えられてよい人間であるのかということを、可能なかぎりのすべての角度から分析《ぶんせき》していくということです。万人《ばんにん》の目でもって自分というものを見てみることです。

自分というものに対していかなる考え方があるだろうか。あるいは、自分が今考えているところの、この問題に対して、百人の人は何と言うだろうか。千人の人は何と言うか、万人《まんにん》の人は何と言うだろうか。

その万人の人の心は読めないかもしれませんが、しかし、今、白紙とした自分自身の心のなかに、まだ思考する能力だけは残っているはずです。この思考する能力を使って、百人が、千人が、万人が、あるいは億人が、どういう見方をするであろうかということを徹底《てってい》的に考えてみる必要があります。そうすれば、物事にはさまざまな面があるということを発見するに至るでしょう。これが、第二の段階であります。

## ④　第三段階——結論を選び取る

そして、真実の智慧を得るための第三の段階は、「こうした多様な見方をした次に、では、自分として、真実のものとして、いったいどういう見方を選び取ることができるか」ということです。どれを結論とすべきか。百も千も一万も一億もある見方のなかから、自分としての結論を出さねばならない。自分としての見方を出さねばならないのです。ここの努力は、極めて苦しい努力であります。困難であります。

そして、この結論を選び出すという作業において、ぜひとも必要なものがあります。この道具がなければ選び取ることができないものです。

みなさんは、土をふるうのであっても、ちゃんとした篩《ふるい》のようなものを使うでしょう。また、果物やお米など、いろいろなものを細《こま》かく砕《くだ》いていくときにも、それなりの機械を使って、脱穀《だっこく》をしたりあるいは細かく刻んだりするでしょう。

同じように、幾百《いくひゃく》、幾千、幾万の見解のなかから、唯一《ゆいいつ》のものを選び出していくときに、どうしても使わなければならない方法というのはあるはずです。

この選び出していく作業のために使う方法、この構築が、心血を注がねばならないことであるのです。ここで選ぶ方法は、結局、自分が最高の価値と見るものは何であるかという、この一点によるのであります。

百、千、万、億のなかから一つを選ばねばならないとするならば、そうして、真実自分の良心に誓《ちか》って、正しいものを得んとするならば、まずみなさんがたが、どうしてもこれが最高の理想と思えるものを基準に持ってくる以外にないのです。

ゆえに、第三の段階を経《へ》るに至るまでに、どうしても自分なりの一つの基準というものを打ち出さねばなりません。これは極めて苦しい苦しい闘《たたか》いであるけれども、これが、みなさんが一生というものを生きていくための、カヌーであり、帆船《はんせん》であるのです。この船に乗って、一生を生きていかねばならないのです。いや、この地上を去った後《のち》も、生きていかねばならないのです。

「一艘《そう》のカヌーを選べ」「一隻《せき》の帆船を選べ」と言われているのです。船はいくつもあるであろうが、体は一つしかない。どれかを選べ。その船に託《たく》して、一生、人生の航路を歩んでいかねばならないのだ。ならば何をとる。

みなさまの心のなかには、理想と思われるものは数多くあるはずです。善というものをとる人もいるでしょう。真実というものを、真理というものをとる者もあるでしょう。正しさ、あるいは優《やさ》しさ、美、調和、勇気、夢、希望、光、忍耐《にんたい》、清潔さ、素朴《そぼく》さ、自然さ、さまざまなものがそのなかにあるでしょう。

こうした徳目は、人間が地上に生きていくときに、どうしても手に入れていかねばならないものでありますが、しかし、人生は迷いのままに過ごすにはあまりにも短すぎます。そうした数多くの価値尺度に沿って生きていくには、あまりにも短すぎるのです。この今世《こんぜ》という、一回限り数十年の人生を、カヌーで、あるいは帆船で渡《わた》っていくには、一本のオール、一つのスクリューがあれば何とかやっていける。数多くのスクリューを試《ため》しているほどの暇《ひま》はない。数多くのオールを一つひとつ試しているほどの暇はないのです。

今世において、みなさんは決断を迫《せま》られますが、これは苦しいことです。この決断が正しかったかどうかは、来世《らいせ》に持ち越《こ》すこととなります。来世に持ち越して、さらに勉強を続けることとなります。

しかし、今世においては、決断を下さねばならない。どれをとるか――。

もし、「善をとる」と言われるならば、これを自分の生きていくための一つの命題とすべきであります。自分自身を、あるいは自分の抱《かか》えている問題を、ありとあらゆる角度から探究した結果、これだけの見方ができるということが分かったならば、これから一つを選んでいくときに、「自らは善をとる」、そう決めたならば、最善のものは何であるかということを考えていくべきでありましょう。それは必ず一つ残ることになりましょう。

あるいは、自らの人生において捨てがたきもの、今世、この一艘の船に乗って行かんとするものが、もし美というものであるならば、美という見地から見て、自分の生き方の迷いを解けばよいのです。どういう生き方が美しいのか。あるいは、「自分自身が真実、美しくなるために必要なるものは、これである」ということを選び取ることは可能でしょう。

また、調和ということを自らのテーマとするときに、「とるべきものはこれである」というものが出てくるでしょう。それは一つとして残るでしょう。

ここまでの作業をしていない人が多いのです。これだけ選別し、そして集約していくのはそうとうの努力ではありますが、この努力をなす以前において、何が何であるか分からずに判断がつきかねている人が、あまりにも多すぎます。

しかし、そのときに自らの踏《ふ》み台というものをつくりなさい。踏み台をつくり、その踏み台に乗ってジャンプしなければ、その谷は渡れないのです。その飛び箱は越えられない、その砂場は跳《と》べないのです。そのジャンプ台は、自ら一つ選ぶ必要があります。そして、そのテーマに沿って、いろいろな問題をまず解いていきなさい。

多様なものの考え方のなかから、自らが今最善とするものを持ってきて、結論を出す。これで、智慧ある者となるための、三段階目のレベルまで達したことになります。ここまで来ることは、それ相応に難しいことであるということを知らねばなりません。これは、仏教的なレベルで行くならば、おそらく心の曇《くも》りを取って、光り輝く段階まで来るために必要なプロセスと、たぶん同じような扱《あつか》いを受けることになるでしょう。哲学的真理から言うならば、唯一の結論を選び出していくということになります。

## 3　智慧《ちえ》の製造過程

そうして、その結論を選んだ際の、次なるものは何であるか。待っているものは実践《じっせん》であります。実行であります。これなくして、心の内に、観念の内においてそれを留《と》めんとしても、それは無益であります。まだ産まれざる卵と同じであります。お腹《なか》のなかにいくら卵があったところで、それは何の価値も生むことはありません。

しかし、ひとたび体の外に産み出されたときに、その卵は価値を得ることになるのです。卵そのものに値打ちが生ずるのです。体内のものが体外に出されるということによって、内なる思いが実践に移されるということによって、そこに価値というものは生ずるのです。

およそ、この地上における価値とは、かくのごときものであるということを知らねばなりません。いくら胸のなかに納めていたとしても、世の中で値打ちあるものとはされないということです。それは、何らこの世の中を進歩させるために役に立っていないからです。有用なるものとされないから、貴重なるものとされないから、他の人々において学びあるものとされないからです。ゆえに、それを出さねばならない。行動において、実践において出さねばならないのです。

自分自身をいかに捉《とら》えるかという問題を追究してきた方であるならば、まず白紙になって、そして自分はどういうふうな人間であるかということを、あらゆる角度から探究をし、そして自《みずか》らが、これが最高だという思いでもって、その自分自身の真実のあり方は何であるかということを決める。そして、そうした人間になるべく、日々の実践に移す。こうした簡単なプロセスであります。

## ① 知性あふれる人間になりたい場合

簡単な説明をしましょう。もし、みなさんが今以上に知性あふれる人間になりたいという、ただその一つの思いを持つとするならば、それなりの探究の仕方があります。

まず、過去のいろいろなことは水に流す。白紙に戻《もど》し、そして自分という一個の人間の持つ可能性を考えてみる。知性という以上は、この頭脳というものを通じて現れてくるところの現象であるだろう。この頭脳、および心と言ってもよいだろう、心と頭脳、この両者を兼《か》ね合わせて出てくるところの自分の営《いとな》みが、知性というものにかかわっているのであろう。

さすれば、白紙の心でもって、自らの頭脳というものを見、そして頭脳を動かしているところの心というものを見つめてみることです。自らの知性を前進せしめるためには何が必要であろうか。頭脳を動かしている根源は心である。心であるならば、その心の思いはどのようなものであるだろうか。

知性を高めていくためには、意志というものが必要だろう。意志というものが強くなければ、知性を高めていくことはできないだろう。意志と知性とは非常に不可分の関係があるであろう。ならば、さらに探究していくとするならば、自らは意志が強いのであろうか、弱いのであろうか、それを考えてみるのです。率直《そっちょく》な目で考えてみるのです。自分が、どういうときにどういう判断をとり、行動をとるか。それは意志強き人間であるのか、意志弱き人間であるのか。

例えば、その判断の際に、もし、もっと強い意志を持っていたらどういうふうになっていたか。あるいは、ある習慣を断《た》とうとするときに、なぜ断てないか。ある習慣を確立しようとするときに、なぜ確立できないか。その背後には意志というものの弱さがあるだろう。この弱さはいったいどこから来ているだろうか、それを探究していくのです。

すると、思い当たる点がどこかにあるわけです。知性のなかに、いつの間にか反省という面が含《ふく》まれてくることが、ここに出てくるわけでありますが、自分自身が意志が弱くなった理由、どこかにその原点が必ずあります。何か勇気ある行動をしようとして、他の人に止められた。あるいは、自分の理想とした人が、それと逆の行動をした。いろいろなことがあるでしょう。そうしたものを、一つひとつ、つぶさに点検していく、そして意志の弱さがどこに起因しているのかを突《つ》き止めていくことです。

さて次に、この意志から知性を発達させるために必要なものは何であろうか。意志の次に必要なものは何であろうか。そうして考えてみると、これは心の領域というよりは、頭脳の領域において問題点があることが分かってくるわけです。

頭脳というものは筋肉にも似て、使えば使うほどその能力を増してくるものです。みなさんには、それぞれ筋肉というものが与《あた》えられていますが、これは不思議なもので、放っておけば弱くなるし、使えば強くなっていきます。頭脳もこれと同じようなものであって、訓練すれば強くなり、訓練しなければ弱くなる。特《とく》殊《しゅ》な方向に訓練すれば、その方面に強くなり、そうでない方面は弱くなる。計数的なものを訓練すれば、その方面は高まっていくが、他のものは必ずしも高まらない。このように、頭脳というものは訓練によって変わっていくことがあります。

　そうすると、意志の問題点を解決したとしても、頭脳を鍛《きた》えるという次なる問題もあるわけです。この頭脳を鍛えるためにはどうせねばならないかということを幾《いく》つか出してみることです。そして、そのなかから選び取っていかねばなりません。自らの頭脳を鍛えるにはどうすればよいのか、その方法が幾つかあるはずです。それを一つひとつ出してみる。そうして、自分の理想とする頭脳の働きを高めるには、どういう方向に持っていけばよいのかを考えてみるのです。

　もし、自分の頭脳の働きとして、緻密《ちみつ》さを求めるのであるならば、それなりの訓練というものは確かにあるでしょう。そして、緻密さを求めるということが正しいかどうかを判定するには、自分の理想と合致《がっち》しているかどうかを照合する必要があるのです。

自分が人生の理想としているのは何であるか、どういう生き方であるか、それを考えたときに、自分は他の人々に迷惑《めいわく》をかけず、細《こま》やかな愛を与え続けるような人間になりたいということが、もし理想と思われているならば、緻密な仕事ができるような頭脳になりたいという願いは、この理想に合致しているわけです。ゆえに、この判断は許されるのです。

では、緻密な頭脳になるための訓練はどうすればよいかということです。書物を読むということもあるでしょう。思考の訓練をするということもあるでしょう。会話力で鍛えるということもあるでしょう。実践で、さまざまな作業をしてみるということもあるでしょう。幾つかの方法がありますが、このなかから選び出していくわけです。今、自分の方向としていちばん有用とされるもの、必要とされるものは何であるか。それを決めて定めるのです。

こうしてみると、単に知性を高めるという考え方であっても、自分の求めている知性というのは、どこかへの傾向性《けいこう》を持っています。その知性というものが、もし緻密で正確であってほしいという知性であるならば、その方向に向かっての鍛錬《たんれん》の仕方があるのです。

まず意志を鍛える、継続《けいぞく》するということを、自分の心に決めて、そして習慣とすることを決意する。そしてそれを続ける。その大きな決意のもとで、一定の方向について訓練を加えていく。そしてそれを続けていく。その方向を決める。

その結果、達成されるものは何であるか。緻密な仕事というものが実現してくるはずです。これが明らかに自分の実力になってくるわけです。

そして、これを実践の段階に置いていったときに、また次なる問題が出てきます。緻密な仕事というものを実践の段階に移していったときの、次なる問題は何でしょうか。

仕事というものは決して自分一人のものではなく、多くの人たちと一緒《いっしょ》にしていくものです。そういう、多くの人たちと一緒にしている仕事という観点に立ったときに、この自分自身の緻密な仕事をしていきたいというその方向を、どのように周りの人と合わせていくか。この判断が次に必要になってきます。

自分なりの理想として、自分一人で物事をやっていきたいと思う人ならば、そうした選択《せんたく》をしていくのもよいでしょう。そういう職業選択もあるでしょう。そういう学び方もあるでしょう。

しかし、多くの人と一緒に仕事をしていきたいと思うならば、そのなかで、今度は自分のその理想を実現していくための方法を見つけなければなりません。他の人もまたそうした緻密な仕事をしてもらわなければ困るような仕事をしているのであるならば、その方向において、他の人々に影響《えいきょう》を与え、感化していく必要が出てきます。

そのためには、自分が獲得《かくとく》したその力、その方法論、その方面における知性というものが確固としたものであることを、まず自己確認ができ、そして他の人に認められるような段階になっていることが大事です。

明らかにあなたがこの点において変わった、すなわち緻密な仕事、正確な仕事をするということが、自分でも納得《なっとく》がいき、他の人もそれを認めてくれる段階になったときに、あなたはそれを他の人に勧《すす》めることができるようになります。その方法論を教えることができるようになるのです。このようにすれば、こういうふうになるということを指導することができるようになる。そして、あなたは、その組織のなかにおいて指導者の立場に立つことになるのです。

こうして智慧《ちえ》というものが一つ出来上がってくるわけです。智慧というものが出来上がってくる過程は、こうした製造過程を通ってくるのです。

実践の段階において、自分が納得し、他の人も認めてくれ、そしてその出来上がったものが、他の人々に感化を与えていくようなものとなったときに、これは智慧として認められるものなのです。

## ②　対人関係における悩《なや》みを持つ場合

また、違《ちが》った角度から物事を見ていくこともできるでしょう。同じようなたとえは、他の場合にもあるでしょう。対人関係の問題に悩《なや》んでいる人であるならば、例えば自分と上司という、その関係において悩みがあるならば、これについても、みなさんが哲学者《てつがくしゃ》にならんとするためには、同じプロセスを通っていく必要があります。

まず、あれこれと多くの人の意見などを聞くのは排除《はいじょ》する。同僚《どうりょう》の誰《だれ》がこう言った、あるいは社長がこう言った、あるいは自分は今まで上司にこんな扱《あつか》いをされなかったとか、いろいろな考えがあるでしょうが、そういうものは一切《いっさい》白紙にします。そして、自分と彼というものを白紙の上に置いてみます。

自分の主観は一切排除して、その上司というものを、真っ白な紙の上に載《の》せたときに、彼はどういう人間として評価されるべき人であるか。これを率直に、主観を交えず、利害を踏《ふ》まえずに検討していく。この人はどういう人なのか、どう見られるのが正当な人であるのか、それを一つひとつ考えていく。

そうすると、その人なりの、こう見られていいだろうという見え方が出てきます。この白紙の上に、もう一人、自分というものを載せてみるわけです。

自分は自分なりに、愛されたいという願望もあるし、親であるとか、きょうだいであるとか、いろいろな人からいろいろなことを言われてきたであろうが、それは別として、自分という人間をそこに置いたときに、さあ、どういう評価が下されるか。どういう人間として見られるか。大衆のなかにポンと出されたら、どう評価されるだろうか。まったく知らない人が見たら、自分というものはどういう人間に見えるだろうか。自分が言う言葉は、どういうふうに捉えられるだろうか。自分の姿はどう見えるだろうか。自分の考え方はどう見えるだろうか。自分の、その過去の経歴は、ほかの人にはどう見えるだろうか。こうしたことを率直に主観を抜《ぬ》いて考えてみたときに、自分の実像というものが見えてきます。

こうして上司の実像と、自分の実像という二つの実像が見えてきます。

そして、次なる判断は、「では、その上司のいちばん真実に近い姿はどれなのか、また、自分のいちばん真実に近い姿はどれであるのか」ということになります。これを判定していく必要があります。

そうしてみると、ここに面白《おもしろ》い現象が現れます。そのいろいろな見方ができる相手に対して、一定の判断を加えねばならないということになるわけです。その判断を加えるときに、おそらく出てくることは、この裸《はだか》のままで見た自分と、その彼とが、秤《はかり》に載せられるであろうということです。

主観を抜きにした客観性のなかにおいて、秤に載せられるようになる。自分と彼と、どちらが人間として、人物として、重いのか重くないのかということが秤にかけられることになる。いわゆる、優劣《ゆうれつ》の話になりますが、これが必ず出てくるでしょう。

そのときに、心を空《むな》しゅうして、秤にかけたときにどちらに傾《かたむ》くであろうかということを見なければいけません。この結論を出さねばならないのです。いろいろな見方ができるが、その両者を秤に載せたとき、「さあ、優劣はどちらに出るのか」と、この結論を出さねばならないのです。

その結論を出すときに、命題を何か決めなければなりません。その結論を出すに当たって、いちばん大切なテーマを決めなければならないのです。

このときに、この自分なりの判断基準と思うものは、「もしこれが間違っていたならば、もう地獄《じごく》に堕《お》ちてもやむをえない」というような、そういうテーマを選ぶことです。

正しさの面でその基準を出すか、あるいは経験量というものでとるか。優《やさ》しさというもので見てもよいかもしれません。他の人への指導力というもので見るかもしれない。影響力で見るかもしれない。

いろいろな見方があるでしょうが、何かを決定的に決めなければいけない。何かの基準でもって、そのどちらが重いかを決めなければなりません。

そのときに、例えば、自分はこの人と心のなかで葛藤《かっとう》し、取っ組み合いをしているが、今、会社のなかで置かれているこの二人の立場を見たときに、どちらのほうが会社にとって多くの幸福をもたらすか、会社のなかの社員の多くがプラスを享受《きょうじゅ》するかという見方をもしとったとしたならば、これは、自分なりの価値基準のなかで、「最大多数に幸福を与えられることが最大にいいことだ」「人間の判断基準、選択基準としては、最大多数の幸福を目指すことがいいことだ」という基準をとったことになります。そういう基準をとって、どちらが重いかと考えたときに、必ずどちらかが上がり、どちらかは下がることになります。

もし、その上司なる者が上がったときに、どういう決断を次にしなければならないかというと、彼を非難し、攻撃《こうげき》し、葛藤していた自分自身のほうに、何らかの変革を余儀《よぎ》なくされるということです。さすれば、そういう結論が出たならば、次にとらねばならないことは、自分の態度を変えるということです。

いろいろな面で自分のほうが優《すぐ》れていると思ったが、真っ白にして判定したならば、彼のほうがやはり重かった。そうであるならば、彼の考え方、彼を尊重する方向に自分は行動せねばならないことになる。さすれば、その行動にいかなるものがあるか、これを決めなければならない。そして、実践に移さねばならないことになるのです。

もし、そうした裸の心でもって見て、自分のほうが明らかに重かったときに、その上司なる者を上にし、自分を下に置くということが、どう考えてみても、自分なりの命題、テーマから見て間違っているとするならば、自分のほうが明らかに正しく上であるべきだという判断をするならば、その判断に忠実に従えばよいでしょう。

そのときにとるべき方法は明らかに出てくるでしょう。それは二つです。そういう上司のもとで仕事をしているということは不幸になるわけですから、この不幸な状態を解消するか、あるいは彼自身に改心を迫《せま》るかのどちらかになりましょう。

不幸な状態を解消していく方法の一つは、例えば会社のなかであれば部署を変えるということもあるでしょう。あるいは辞《や》めて他の職業に就《つ》くという方法も一つです。

また、「それよりももっとよい方法は、上司なる者に変わってもらうことである」と思うならば、自らの真実の心をもって、その赤心《せきしん》、誠心《せいしん》をもって、その人に変革を迫るべきです。腹を割って、上司・部下という関係を抜きにして、人間対人間として、「あなたは間違っていると思う。そのことについては、どうしても申し上げておきたい」ということを言うべきです。そうして、それが受け入れられない場合には、素直《すなお》に引き下がる、すなわち潔《いさぎよ》く自らの進退を決するという覚悟《かくご》をすることだと思います。

どちらも方法はあるでしょうが、そうした自分の分析《ぶんせき》の結果そうなってきたならば、そういう方法をとっていくべきです。自分の決めてきたことに対して忠実に行動をしていくことです。忠実に結論を出していくことです。そして結論を出した以上、それを実践するということにおいて、もうためらいを持ってはなりません。

# 4　知性の本質

哲学《てつがく》の使命は、このように、自分が徹底《てってい》的に考えて、そしてつかみ取ったところの、この真実に対して忠実に生きるということなのです。ごまかしに生きてはいけない。真実に対して忠実に生きるというのが、哲学の使命であります。

何をとるかに際して、自《みずか》らがそうした心のなかの作業において、真実なるものをつかみ出したならば、これに忠実に生きるということが、これが哲学者の本務、すなわち知者として生きんとする者の本務であります。本分であります。これに忠実に生きていくことです。その代わり、この決断をとって行動していく際に、自分にいかなる環境《かんきょう》が現れようとも、それに対しては責任を持って対処していくということ、これが大事です。

世の人々の多くを見るにつけても、結論を出せない人があまりにも多すぎます。どの結論をとっても、「ああでもない、こうでもない」という気持ちになって、結論を出せない人が多すぎるのです。

もちろん、結論を出していく過程において、できるだけの考察をし、吟味《ぎんみ》していくのは当然のことです。それで、途中《とちゅう》迷うことも当然のことです。しかし、いったん判断の基準を自分なりに打ち立て、その判断基準に沿って行動せんとしたときに、迷いがあってはなりません。この行動においては、迷いがあってはなりません。

行動において迷いがある場合には、真実の哲学者とはまだ言えないのであります。

このようなものの考え方をすればこそ、自らの人生に責任を持って生きていけるのです。これが主体性ある人生と言えるのです。自らの人生に責任を取れる理由は、自分が正しいと判定し、それを実践《じっせん》したからでしょう。他の人にそのように強《し》いられて生きたということであるならば、自分では責任が取れません。責任が取れないというよりも、言い訳の人生になっていると言わざるをえないのです。人間が個性ある存在として生きている以上は、自らの生き方に責任を持つべきであります。自らの生き方に責任を持つためには、自らの判断に責任を持つことであります。自らの判断に従って行動するということにおいて、間違《まちが》いを犯《おか》さないことであります。これが大事なのです。

ゆえに、これからみなさんは、真実の知を持って生きていく際に、どうしても大事なこととして、このように主体性のある生き方ということが必要になります。主体性の確立が必要となるのです。

主体性確立のこの原理は、その判断に対して、自らが打ち立てた命題についての判断、命題に従った判断と行動に責任を持つということであります。こういう訓練ができるからこそ、主体的に生きるということができるようになります。

さまざまな悩《なや》みが毎日出てくるかもしれませんが、それらの悩みについて、今述べたような基準で検討をし、「自分として最善の方法はこれだ」と思ったときに、意を決して行動することです。その行動の結果については、毅然《きぜん》とした態度で対処することです。そしてその結果について受け入れ、責任を取ることです。

こういう生き方が、やはり求められている生き方だと思います。いろいろな物事に対して、このような考え方をしていってください。このような思考、ものの考え方を中心に、人生というものを律していくという、その方向のなかに知性の本質はあるということなのです。

人間はともすれば動物的感覚のままに生きていきます。肉体感覚のままに、欲望のままに、本能のままに生きていきます。こうした、本能のままに、欲望のままに生きていく人間と決別することが、どれほど大事であるかということを悟《さと》ること。そうして、自らが選び出していった精神態度を貫《つらぬ》いていくこと。この精神態度を決めるに当たって、可能なかぎりの努力をしていくということ。

これが知性の本質であるということです。

# 第3章

# 反省と霊《れい》能《のう》力《りょく》

一九八九年十一月八日　説法《せっぽう》
東京都・千代田《ちよだ》区公会堂にて

## 1　苦しみの原因

世の中は苦悩《くのう》に満ち、悩《なや》みに満ち、至るところにジレンマがあります。それは、決して、みなさんがただけに特有の問題ではなく、どのような方にも、みなそれぞれある問題です。

人には見栄というものがあります。少しでもよく見られたいという気持ちがやはりあるもので、こういうものが苦しみの出発点になってくるわけです。

なぜ苦しむのかと考えてみると、見栄だと言われれば、みなさんがたは怒《おこ》るかもしれませんが、やはり「よく見られたい」という気持ちはあるでしょう。

人様から見られていて、自分の見映えといいますか、外だけではなく内側も含《ふく》めて、見映えがグレードダウンしてきますと、やはり「残念だ」「悲しいな」という感じになります。そして落ち込《こ》んでき始めると、人様の前にいられなくなってきます。だんだん人前から消えたくなってくる、小さくなってしまいたい、こういう気持ちがあります。

今、そういう気持ちになっている方もそうとういらっしゃると思いますが、そういうときに考えてほしいのは、「そういう状態にあるのは、自分一人ではない」ということです。自分だけがそのような立場にあるわけではありません。

それは人間にとって、やはり共通性のある行動パターンなのです。「自分一人ではないんだ。長い人生では、そんなことはよくあることなんだ。ほかの人にもよくあることなんだ。自分だけでは、決してないんだ」、そういうことをまず思ってください。

そしてもう一つは、「世の中というのは敵ばかりではない」ということを信じることです。これは大事なことで、惨《みじ》めな気分になっているときには、人間は、周りの人みんなが自分の悪口を言っているような気がするのです。そして、人と会えば傷つきそうな気がして、人に会えなくなってくるのです。

しかし、公平な観点で考えてみたらよいと思いますが、周りの人がいったい何の利益があって、そんなに自分をいじめなければならないか、苦しめなければならないか。こういうことを考えてみると、それほど悪人ばかりがいるはずもありません。ですから、思い過ごしもそうとうあるわけです。

その思い過ごしのなかには、他の人の言葉のなかから、表情のなかから、自分に都合《つごう》の悪いものを何か発見しようとしている、自分自身のそういう感覚があるのではないでしょうか。自分自身に、アンテナのように、いろいろな電波を受け止めるようなものがあり、「何か自分に不都合なものはないか、具合の悪いことはないか、そういう情報はないか」と、いつもいつもキャッチしようとしているのではないでしょうか。

そういう性格がないかどうか、よく知ってほしいのです。そういう性格のある方は、やはりその根本《こんぽん》のところを変えていかなければなりません。

本当に人間の考え方というのは、いろいろなものがあります。例えば、講演中に私がパッと目を止めただけで、「目が合った」と思う人もいるのです。私にしてみれば、パッと見たときに同時に目に入ってくるのは数十人であって、一人を見つめるということは実際上ありえないことなのですが、それを「自分が見られている」と思う人がいるわけです。

そして、後ろに何か憑《つ》いているのではないかと思って、振《ふ》り返ったりするのです。自分の憑依霊《ひょういれい》か何かでも見つかったのではないかと思う。「反省と霊能力」という題ですから、「ああ、そこは危ないですよ。ちょっと出てきなさい」などと言われるのではないかと思う方がやはりいるのです。

このように、人間というものは、一対多というか、大勢と自分一人という考え方はあまりできず、「自分対他」「一対一」ぐらいのものの考え方しか、なかなかできないものなのです。こういうところに苦しみの原因があるように思います。もう少し楽な気持ちで、もう少し公平な観点から、自分自身のあり方というものを見ることもできるのではないでしょうか。

## 2　幸福になるための反省

そういうことで、この章は「反省と霊能力《れいのうりょく》」についての話です。こうした題で話をすれば、いろいろな角度から話ができますし、奥《おく》も深く、実態論といいますか、実際どういうことになっているかという話も、すれば数限りないバリエーションがあります。

けれども、この「反省と霊能力」を考える際に一つ知っておいてほしいことは、あくまでも、この「反省」についての考え方も、幸福の科学のなかにおいては、「幸福の原理」のなかの一部であるということです。幸福の原理のなかの一部としての反省を考えているのです。

どういうことかといいますと、「幸福になるために、こういうことをしてみようではないか」ということを言っているのです。「幸福になるために、反省というものを考えてみようではありませんか」と言っているということなのです。

したがって、この反省と霊能力という話は、決して特殊《とくしゅ》なスーパーマン信仰《しんこう》や、いわゆる霊好きの人たちのための話ではないのです。どちらかというと、私は、霊好きな人をあまり好きではないのです。自分はそれで仕事をしていますが、本人としてはあまり好きなほうではありません。

霊好きの人と会うと、やはり自分と種族が違《ちが》うような感じがします。なぜ種族が違うような感じがするのだろうかと思うと、彼らはのめり込《こ》んでいる感じがするからです。「霊」と言えば、「ああ好きーっ」という感じで、のめり込んでいるのです。それも、一日や二日ではなく、もう長年です。何年、何十年とのめり込んでいます。

そういう人と会うと、私はやはりちょっと、一線を引きたい感じがあるのです。なぜ引きたいのかというと、私の目から見て、「そういう人たちは本当に幸福になりたいんだろうか」と考えたら、そうではないように思えるからです。「幸福になりたいのではなくて、何か逃《に》げたいのではないか、逃避《とうひ》したいのではないか」という感じが非常に強いのです。

要するに、この世は苦しみや悲しみ、苦悩《くのう》が多いから、何か逃げたい、逃避したいという気持ちが非常に強い。その逃避したいという気持ちが、この世ならざる世界に入らせていくわけです。そして、そういった霊好き、霊信仰好きになっていきます。

そして、のめり込んで、そののめり込んだ結果どうなるかというと、「自分は普通《ふつう》の人たちとは違うのだ」という感覚につながっていきます。普通の人と違うのだから、普通の人と同じ悩《なや》みがないような錯覚《さっかく》になってくるのです。

霊好きで、その次には、霊現象も起きたりして、特殊になってくるわけですから、「おまえたちとは違うんだよ」という気持ちになってきます。こうして、「おまえたちとは違うんだよ」という気持ちをつくることによって、自分が救われるのです。こういう人が多いように思います。

けれども、私が見ていて本心から感じるのは、「あなた、やっぱり逃げていませんか」という気持ちです。「逃げているんじゃありませんか、卑怯《ひきょう》なんじゃありませんか、裸《はだか》の自分で勝負できないんじゃありませんか」という気持ちがあるのです。「あなたは本当の自分に自信があるんですか」ということです。「自分自身のありのままを知られて恥《は》ずかしいのではないですか。ありのままを知られて、つまり考えていることを知られて、恥ずかしいのではないのですか」という気持ちです。これをやはり言いたいわけです。

霊という言葉、霊能力というようなものを、こういうことで仮面にしようとしているのではないでしょうか。自分自身の顔にお面をしようとしているのではないでしょうか。そして、別人になろうとしているのではないでしょうか。「これはやはり危険ですよ」と言っておきたいのです。

実際上、私は霊能力を駆使《くし》して仕事をしているわけですが、現実には、この霊能力についての自分自身の評価、ウエイトづけそのものは、どちらかというと低いだろうと思います。かなり使ってはいるのですが、そうした霊能力を使うこと自体で、自分が偉《えら》くなるような気には少しもならないのです。いろいろなことを知ろうとすれば、知ることもできるけれども、それで偉くなったような気がどうしてもしないのです。

不思議なもので、演壇《えんだん》に立つと、何千年と言わず、何万年でも何十万年でも何百万年前のことでも話は出てくるのです。話しているうちに、だんだんだんだん宇宙が見えてきたりすることもよくあります。そんなふうになってくるのですが、では、そうした現象そのものがそんなにうれしいかと言われたら、やはりうれしいとは思いません。それは一時期のことであるというふうに感じることがあるのです。

## 3　今世《こんぜ》における主体性あっての霊的《れいてき》生活

それでは、このものの考え方を整理してみると、いったいどのようになるのかというと、根本《こんぽん》は、「なぜこの三次元という世界があるのだろうか」というところに発すると思うのです。

「三次元という世界があって、なぜ私たちはこの世界に生を享《う》けて、生まれ変わってくるのだろうか」ということを考えてみますと、それはやはり三次元に生きるということ自体に何らかの意味があるはずだということです。このことの意味は、そんなに消極的なものではないはずだというふうに私は思います。

この数十年の人生は、それ自体でやはり素晴《すば》らしいものであってよいのではないか。いい人生を生きたといわれるようなものであってよいのではないのか。

それからの単なる逃避《とうひ》という意味合いにおいてのみ、異次元の世界を捉《とら》えるということは、この世に生を享けたという意味からいって、これはマイナスの発想ではないのかということです。

宗教的な人格を持った方は、原始釈迦《しゃか》仏教、釈迦仏教の最初のころの考え方と同じように、この世を「不浄《ふじょう》なもの」と見て、そしてさまざまな執着《しゅうちゃく》から離《はな》れて、あの世的な人間になることを目標にしがちでありますが、今回私が説いているところの、いちばんの違《ちが》いというのは、まさにここのところにあるわけです。

あの世もこの世も決して別のものではない。そして、われわれは片方だけに生きるものでもない。あえて言うならば、この世とあの世の両側にガシッと両足を開いて立っているというのが、今回私の考えている姿に近いのです。

それは、この世においても、霊的《れいてき》人生観を持っている人が成功するような、そういう姿にしたい。この世的にも成功しながら、同時にあの世的に認められるような存在にもなりたいものだ。そうなることが、この世に生まれてきながら本来の使命を忘れないという意味において、極《きわ》めて大事なことなのではないだろうか、そう感じるわけです。

こうしてみると、この「反省と霊能力」についての考え方の立脚点《りっきゃくてん》というものが見えてくると思います。あくまでも、あなたがたの今世《こんぜ》においての主体性というものだけは見失ってはいけない。これは忘れるなということです。

これを忘れたときに、みなさんは、ピアノ線か何かで引っ張られるピノキオの人形みたいになってしまいます。これは恐《おそ》れねばなりません。気をつけねばなりません。霊的な世界にドップリと浸《つ》かってだけいると、ちょうど人形が上から糸で吊《つ》られて動いているような姿になってしまいます。そして、上から吊られて動いているのを見て、喜ぶような自分になってしまいます。「あっ、また右手が上がった。左手が上がった。首が伸《の》びた」と、上から吊られて、それで喜んでいるようなみなさんになってしまいます。

これは、見ていて面白《おもしろ》いことは面白いのだけれども、主体性というものがないではありませんか。

あの世にも霊はたくさんおりますが、みなさん自身、霊なのです。霊というものが霊子線《れいしせん》につながって、その肉体にくっついて入っているわけです。そして、へその緒《お》のようにつながっているのです。

この肉体につながった霊というのは、みなさん固有のものです。そして死を迎《むか》えて、肉体から切り離されるときまで、この肉体と霊とは一体なのです。この肉体に宿った霊というのは、あの世をフラフラしている霊とは違うのです。極めて目的性を持って、深い絆《きずな》に結ばれて、魂修行《たましいしゅぎょう》をしているのです。その意味を忘れてはいけませんと、こういうことが言いたいわけなのです。

すなわち、別の言葉で言えば、仏教でよく言うところの色心不二《しきしんふじ》、「ふに」とも言いますが、「こういう肉体と心というのは、まったく別のものではないのだ、これは不二一体のものなのだ、二つに分けられないものなのだ、一つのものなのだ」ということが、三次元に立っている立場での、私たちの自己認識でなければならないのです。これをよくよく覚えておいてほしいのです。「今世における魂修行において、決して、肉体そのものを粗末《そまつ》にしたり、肉体的な生活を否定するところに、霊的生活はない」ということを忘れないでいただきたいのです。これを忘れたときに、幸福という見地から反省を考えていたことが、違った方向に向いていくようになっていきます。私たちは、あくまでも深く永く続く、この世もあの世も貫《つらぬ》いた幸福というものを味わっていかねばなりません。

よく「人生を二倍楽しむ」と言いますが、この世がまったくマイナスで、あの世だけの生活に生きるのであれば、ある意味において、その分だけ喜びは短いわけです。やはり、その喜びの時間を永く持とうではありませんか。単純に言えば、そういうことであります。

## 4　霊的《れいてき》実体から見た反省の必要性

さて、前提がだいたい出来上がってまいりましたから、次に、なぜ反省が必要なのか、反省はなにゆえに必要なのか、ということを考えてみたいと思います。今度は立場が変わりますけれども、決して道徳的な観点からだけ反省の必要性を言うつもりはありません。霊的《れいてき》実体としての自分自身、これとの兼《か》ね合いで話をしてみたいというふうに思います。

どういうことかと申しますと、肉体のなかに同じサイズの霊体《れいたい》が入っているわけです。もちろん、はみ出している方もいますし、へっこんでいる人もいらっしゃいます。

このように肉体と霊が一体になっているわけですが、みなさんももうご存じの方も多いと思いますけれども、心というのは霊的に見れば、そのような一つの物体であるわけです。しかし、これを違《ちが》った角度から見ると、明らかにそのなかで、構造というものがあるのです。

この心の構造のなかには、やはり幾《いく》つかの心の重要な柱あるいは構成部分というのがあるわけです。例えば「本能」という部分がある。「意志」という部分がある。「感情」という部分がある。また、「理性」という部分がある。このように、いろいろな部分があって、このバランスがよく取れているときに、心は真ん丸くなっているわけです。

ところが、このバランスが崩《くず》れたときに、心の形が崩れてきます。この真ん丸だったものが歪《いびつ》になってくる。肉体のなかに宿っていて、でこぼこができてくると、出ているところは当たり、引っ込《こ》んでいるところは足らないという感じです。そういうふうになってくると、何か波風を起こしてくるのです。突出《とっしゅつ》した部分とえぐれている部分があると、そこが必ず何かのときの引っかかりになります。必ず、世の中を生きていくときの引っかかりになってきます。

もっと具体的にこれを話してみますと、いちばん問題を起こしやすいところは、もちろん「本能」というところです。これは誰《だれ》にでもあります。みなさんにもあります。私にもあります。「人間として生きていくときに、人間とはこういうふうな生物として生きていくという、そういう行動パターンがあるんだよ」ということを教えている部分です。この本能の領域が心のなかにあるのです。

もしこれが、違ったものが入っていたなら、人間ではなくなるわけで、四つん這《ば》いで這って、ものをくわえて食べ始めたりするのです。これは、人間の本能ではない場合です。犬の本能などでしたらそうです。あるいは、猿《さる》の本能などが入っていると、木に登りたくなったりしてきます。猫《ねこ》の本能などが入っていると、日向《ひなた》ぼっこをしたくなります。そういうふうになってくるわけです。

人間と動物は、神から別家《べっけ》したまったく違うものであるというわけではありません。いろいろなところで重なっているところはあります。しかし、その生物体としての習性――本能というのは別の言葉で言うと習性になります――そのものを見れば、この生物がいったい何であるかが分かる、という行動パターンがあるのです。これが本能といわれる部分です。

## ①　食本能について

この本能があるから、みなさんは肉体生活において、人間でありうるのです。なかには、この本能の部分がずいぶん崩れた方もいらっしゃることは事実です。これは、崩れていると見るか、本能自体が、変わった環境下《かんきょうか》にいたために変形していると見るか、見方はいろいろでしょう。

先日、テレビを観《み》ていましたら、世界のグルメということで、食べ物に関する旅行番組をやっていました。オーストラリアの原住民の食べ物という内容をやっていたのですが、ものすごいものを食べているので驚《おどろ》きました。

まず、前菜でいも虫が出てきたりするのです。いも虫の黒焼きから始まって、木についたミミズの刺身《さしみ》を食べます。それから、アリの巣を開けて、アリの躍《おど》り食いということをやっていました。あとは、トカゲの蒸し焼き、カブト虫の幼虫。これもまたおいしいらしく、食べているのですけれども、こんなものばかりをズラーッと並べて食べているのを見ていて、「これはどうなんだろうか」といろいろ考えました。

「そういう食習慣ができてくるということは、魂《たましい》のなかにそこの原住民として何度か生まれ変わった記憶《きおく》があって、ものを食するという傾向《けいこう》のなかに、そういう傾向まで入ってきているのだろうか。ものを食べるという傾向のなかに、そういう自然の生き物を食べるという、そういう傾向が入っているのだろうか」と、そのようにやや不思議に感じた次第《しだい》です。

そういう極端《きょくたん》な例は別にしましても、その本能のなかにあるものの一つとして、食本能があります。食べるという本能、これは断《た》ちがたいものがあります。この食本能とは、修行者《しゅぎょうしゃ》が過去、断食等を通してずいぶん格闘《かくとう》してきているわけですが、成功しているかと言えば、結局そうでもないように思います。籠山行《ろうざんぎょう》などをやりながら、断食《だんじき》をしている方もいらっしゃいますけれども、一週間か十日ぐらいが限度です。それも水ぐらいは飲まないと死んでしまいます。

断食というのは、この食の本能、食べるという本能を否定するわけです。もちろんこの途中《とちゅう》において、霊的な体験をすることはあります。一つの本能をグーッと抑《おさ》え込むことによって、感覚のバランスが崩れてきて、さまざまな他の感覚が鋭敏《えいびん》になってくるという現象は、その途中で体験するようであります。

この間《かん》、いわゆる幻視《げんし》、幻聴《げんちょう》など、いろいろな感覚が出てきます。これはある意味での霊的な感覚にも似たものですが、そういうものを断食中に味わうこともあります。

ただ、この断食の効果がないとは言いません。断食をしているときにいちばんいいことは、最初のうちは頭が澄《す》んでくることです。最初のうちは頭が非常に冴《さ》えてくるので、いろいろなことが考えつくようになります。しかし、次第しだいに食べることが妄想《もうそう》のようになってきたり、あるいは全然違うことを考え始めたりして、心の動きとしてはマイナスの方向に行くことが多いということです。

また、断食中に必ず亡者《もうじゃ》の霊が来ます。飢《う》え死にしたような、あるいは修行して死んだような、ひもじさを感じながら死んだこういう霊が必ず寄ってくるようになりますので、必ずしも霊的な進化になるとは思いません。

## ②　睡眠《すいみん》欲について

これ以外に、睡眠《すいみん》欲というものも本能としてあります。この睡眠欲についても、「悪いことだ」という考えもあるし、「まったく無駄《むだ》だ」と思っている方も多いようです。睡眠を取らなくてもいいのであるならば、どれほどいいだろうか。いわゆるナポレオン睡眠というものがあって、三時間睡眠や四時間睡眠であれば、活動時間が増えるので、多くの仕事ができるような錯覚《さっかく》を持つわけです。

そういうナポレオン睡眠の奨励《しょうれい》をやって、それを仕事としている人もいることはいます。しかし、「実際それに従ってやっていて、フラフラになって、クビになった」などという人もいるのです。ナポレオン睡眠というのを始めて、「三時間睡眠でも疲《つか》れない」と言ってバリバリやっていた人が、一カ月ぐらいすると、だんだん朦朧《もうろう》としてき始めて、ミスが多くなるのです。そして、「ああ、クビになっちゃった」というようなことを聞いたことがあります。そんな人もいるのです。

これは極端に走った例ですが、睡眠ということの意味が分かっていないのです。この睡眠の意味というのは、すでにお話をいたしました。

私たちは睡眠中に、往々《おうおう》にしてこの肉体から霊体《れいたい》が離《はな》れて、実在世界に還《かえ》っているのです。この実在世界のなかには、天国も地獄《じごく》も両方ありますが、そこに還っているのです。これは里帰りの現象であるし、私たちが霊的存在であるということを忘れさせないためにも、そういう習性をつけてあります。これは、死んでからあと困らないようにするために、そういう経験をずっと積ませるようにしているのです。

もう一つは、私たちの肉体は食物によって養われますが、私たちの霊体そのものは、実在界にあるところの霊界《れいかい》エネルギーによって養われています。

この霊界エネルギーの一部は、食物を通して入ってくることもあります。食物になったもの、いわゆる動物の肉とか、あるいは植物、穀類、ミルクなど、いろいろなもののなかには、もともと生命エネルギーが入っていますから、一部分はもちろんそちらからも吸収していますが、これだけでは霊体エネルギーとしては十分ではないのです。ガソリンを補給するように、必ず実在界のエネルギーを受けないと、霊的に生きていけません。

それは、人間が精神的存在である以上、そこから抜《ぬ》け出すことはできないからです。動物ではないのです。肉体だけであるならば、食べ物だけを食べていれば生きていけるのです。しかし、人間には平均八時間といわれる、あの長い時間の睡眠が必要です。機械でも八時間も休ませるというのは、あまりないでしょうけれども、それだけ休ませないともたないというのは、これは別の意味がそこにあるからです。

この睡眠によって、実在界のエネルギーを得ているのです。また、これが霊的な進化の原則になっているのです。睡眠中に自分の守護霊と会って話をしている、友人と会って話をしている、また、地獄霊にしごかれる。いろいろありますけれども、そういう霊的な特訓を受けて、忘れないようになっているのです。

本来、肉体に宿るのは、やはりほんの一点です。永い永い転生《てんしょう》の過程で、肉体になるのはほんの一瞬《いっしゅん》です。それ以外は、永い永い霊的生活があるので、こちらを忘れないようにするために大事なことなのです。

それはちょうど、運動会で障害物競走をしているようなもので、走ってきて、ズダ袋《ぶくろ》をくぐって、そこから抜け出すときの、この布袋を被《かぶ》って出るその瞬間だけを捉《とら》えて、肉体生活と言っているようなものなのです。やはりあくまでもそれは一瞬です。一瞬間にしかすぎない肉体生活を中心に考えるわけにはいきません。

布袋を被っていない、普通《ふつう》に走るときの姿、これが霊的生活です。これが中心であるのです。これは間違いのないことです。それゆえに、睡眠の意味は否定しがたいものがあります。

今日も、明け方五時ごろ、私も肉体を抜け出して、霊界に行っていました。霊界に私の研究室があるのです。研究室といっても、いつも使っている九次元の研究室ではなく、特別研究用の六次元の上段階と七次元の境目ぐらいの所にある研究室ですが、そこで私は霊界の書物を集めています。霊界でも、やはり本が出ているのです。さまざまな本が出ていて、霊界の書物をそこで集めています。その研究室は板の間で、四、五十畳《じょう》ぐらいの広さです。隣《となり》は和室になっています。襖《ふすま》で仕切るような和室です。そして、外はガラス張りです。ちょっと和洋折衷《せっちゅう》の研究室です。

そこでときどき勉強しているのですが、向こうには友人がいまして、私がいない間に本を集めてきてくれます。最近出た本や資料などを集めてきてくれます。

私はときどき行って、そこで調べものをしています。講演などの材料を得るために、そういうところで勉強しているわけですが、今日も行っていたら、びっくりしましたけれども、昭和天皇が訪《たず》ねて来られました。八九年一月に亡《な》くなられた昭和天皇が入ってこられまして、私も驚きました。

私に「どういう本を読んで勉強すればいいのかね」と尋《たず》ねてこられたので、「そうですねえ」と言って、私はそこに書架《しょか》を並べていたものですから、お連れして、「こういうのを読むとよろしいのではないでしょうか」と、三冊ほど幸福に関する本をお貸ししました。必ずそのうちお返しにきてくださると信じていますけれども、三冊ほどお貸ししました。そして後は、「ふんふん」と非常にご機《き》嫌《げん》よく出ていかれました。あの世において、やはりそのような交流というのがあります。

この話で何が言いたいかと申しますと、睡眠は大事だということです。起きていてそういうことをしていると、おかしくなります。壇上《だんじょう》で話をしていて、ハッと気がついたらどこかへ行っていたというと、仕事になりません。

ですから、いちばん安全で、生命に別状のない時間は、やはり夜から明け方にかけての時間がいいのです。その時間に本当に活動をしているのです。

## ③　いちばん簡単な霊《れい》現象

みなさんはまだ夢の段階ぐらいしか分からないかもしれませんが、勉強が進み、悟《さと》りが進んできて、「実在界というのが本当にあるんだなあ」ということをリアルに実感できて、「こういう所に行くと、こういう人がいるんだなあ。このへんで、こういう人と会ってみたいものだなあ」と強く思っていますと、本当にそういう人たちと会えるようになります。これは間違いありません。

これはいちばん簡単で危険がない霊《れい》現象です。必ず目が覚めますから、大丈夫《だいじょうぶ》です。それは、霊子線《れいしせん》というもので、肉体とつながっているために、必ず戻《もど》ってくることになっているのです。これが切れなければ死ぬことはありませんので、これが切れないうちはどこまで行っても大丈夫です。

そして、そういうことを自覚的に思っていて、「前の日もよく勉強しました。今日も二時間、真理の勉強をしました。守護霊様、私はたいへんよく勉強いたしました。自分で言うのもなんですが、よくやっているほうではないでしょうか。ときどきはほめてください。これだけ精進《しょうじん》していますから、何か願いを叶《かな》えていただけないでしょうか。私の今の悟りだと、ちょうどこのくらいの悟りでしょうか。今は光明界《こうみょうかい》の中段階ぐらいの悟りでしょうか。そのへんでいいですから、そのへんの人と会わせてもらえないでしょうか」ということを、夜寝《ね》る前にお願いしておくのです。

そうすれば、だいぶ心の状態が進んできて、守護霊と通信が始まる段階になりますと、次第しだいに本当に霊界の生活というのが実体験できるようになります。

これは夢と違ってリアルです。触《さわ》っても存在感があります。あの世のものでも、あの世のマイク、あの世の水差しという具合に、持てば感覚がありますから、夢との違いがはっきり分かりますので、経験してみてください。

ですから、そういう所へ行って人が出てきたら、必ず手を握《にぎ》るなり肩《かた》を抱《だ》くなり、壁《かべ》なら叩《たた》いてみるなりしてみてください。実際に霊界体験をしているとき、霊界探険をしているときには、存在感があります。霊界は、本当にそういう存在感のある世界であり、夢とは明らかに違う世界です。

夢というのは、もう少しボーッとしたものに翻訳《ほんやく》されています。実際、いろいろな経験をしているものは、頭脳のところの意識でこの世的に翻訳されて、いろいろなビジョンを見ているので、本当の霊界の体験と少し違ったものを、みなさんは記憶で持っているのです。

しかし、霊的な実体験をし始めると、「ああ、今来ているな」というのが分かって、そしてそれを承知の上で、あの世の霊人《れいじん》たちと話をしたり、生活したりできるようになりますし、さらに進んでくると、私みたいに研究室を借りたりするところまで行くのです。「いろいろな所でそういう場所をもらったり、そここでの友人をつくっておく」ということは可能になってきます。

そして、もう少し慣れてくると、あの世の世界でも、だんだんに歓迎《かんげい》してくれたりするようになってきます。

「ああ、久しぶりだなあ」ということで、コーヒーぐらいは出るのです。お酒も出ることもあります。好きではない人には出しませんが、顔色を見て、出てくるものは決まります。そういうふうに接待もしてくれるようになります。

そして、もう一つの特徴《とくちょう》としては、日を空《あ》けていても、その話の続きがずっと出てくることです。みなさんも昔、夢のなかでそういう経験をしたことがあるのではないでしょうか。数カ月がたって見たのに、「前の続きを見ているなあ」ということがあったのではないでしょうか。

あるいは、一晩のなかで続きを見ている方もいます。さっき見ていて、そこで何かしていて、目が覚める。また明け方ごろその続きを見て、またその続きを見て……ということがあります。

このようなときは、かなり霊生活のほうを実感しています。そういう実感をすると、日を空けても続きができるようになりますし、意図し始めると、「ああ、あの人、今どうしているかなあ」と思いますと、その日に会うことができるようになってきます。

こういう体験は、できるということをまず思わなければ、そういう明確なものになってきません。しかし、毎日しっかり勉強して、「守護霊様もさぞ喜んでくださっているだろうなあ」と思うような心境でお祈《いの》りしていると、次第しだいにそういうふうな状況《じょうきょう》になります。

ただ、これが恐《こわ》いところは、心の波動《はどう》が乱れているときです。地獄の生活がリアルになるわけですから、少しきついです。悪夢というものは、おそらく百パーセントの人が見たことがあるでしょう。これがもっとリアルになってくるわけで、これはやはりきついです。「これは嘘《うそ》だろう、嘘だろう」「わあ、本当だった！」などと言っているうちに、カポッと来られると、たまったものではありません。

そういう経験があります。

私も十歳《さい》のころから、そういう霊体験がかなり多くありました。当時は、まだ霊体験だとは思っていなかったのですが、時折、原因不明の高熱が出ました。そしてそのときに、やはり霊体が肉体から出ていきました。その当時は子供でしたから意味が分かりませんでしたが、今はもうはっきり分かります。そのときの経験もまだハッキリ覚えています。

そのときに、宇宙即《そく》我の逆も経験したことがあります。つまり、天国だけではなく、地獄の底まで何回も行ってきたことがあります。それは、ちょうど井戸《いど》やマンホールぐらいの大きさの穴があり、ここを落ちていく感じです。本当に地球の中心に落ちていく感じで、スウーッと落ちていき、その途中にいろいろなものが見えてくるのです。途中で見えるものの主なものは火山です。活火山の下の、マグマの状態に近いものがよく見えます。そういうところをドーッと地球の中心のほうまで落ちていくのです。ときどき反対側に抜けていきましたが、また戻ってきたりしました。

初めは、「ずいぶん不思議なことをするなあ」と思っていたのですが、それが、繰《く》り返すにつれて、次第しだいに同じようになるのです。やはり、同じようなホールからストーンと地球の中心に向かって、ものすごい速度で落ちていくのです。この経験はずいぶんいたしました。

また、地球から抜け出していく経験もしました。そして大宇宙に広がる空間で神々《こうごう》しい人々とも何度も会いました。そのころから霊的な体験が始まってきていたのだなと、今思います。

このように、実際に霊界のほうを経験し始めると、すべてのものがリアルに感じられるようになります。また、「今、霊界にいるなあ」と思うと、例えば昔飼っていて十年以上前に死んだ犬、こういうものでも、「会いたいなあ」と思ったら、出てくるのです。野原の向こうから出てきて、本当にペロペロペロペロ手をなめてくる。元気でやっているのです。そんな姿で出てくるということを実感できるようになってきます。

## 5　反省の一方法

### ①　どういう世界に還《かえ》りたいのか

こういう体験をしてくると、次第《しだい》に「この世というのは、やはり仮の世界なのだ」ということが実感されてくるようになります。

けれども、この仮の世界なのだという実感が、決してこの世の否定になってはいけないということは、先にも述べたとおりです。

「ああ、そういう実在界があるんだなあ。自分の魂《たましい》のきょうだいたち、あるいは友人たち、また親類や懐《なつ》かしい友達、こんな人がいっぱい住んでいる世界があるんだなあ」ということを知ったとき、逆に現在の自分を見たなら、予習が必要だということが分かります。こういう世界にやがて還《かえ》っていくならば、「残りの数十年をどうしなければいけないか」ということを考える必要があるのです。

これを考えていくと、「さあ、自分はどうしたらいいのだろうか」と、目標が立ちます。あの世でどういう人たちと一緒《いっしょ》の生活をしたいか。いろいろ住みたいところがあると思いますから、どういう人たちと一緒に生活できるような自分でありたいかと、こう思っていただきたいのです。

そして、「自分はこういう生活をしたい」と考えていただきたいのです。もし、霊言集《れいげんしゅう》を読んでいて、自分がいちばん強く惹《ひ》かれる世界があるならば、それがみなさんの還りたがっている世界です。その人たちがいるあたりが還りたがっている世界であるので、「そういう方向にぜひ還りたいな」と思ってください。

これが、違《ちが》った意味での立志、「志《こころざし》を立てる」ということになります。この立志をして、これを実現していく必要があります。そういう世界に還っていけるような自分になるには、では、どうしなければいけないのだろうか。

こういう言い方をすると回りくどいですし、分かりにくいかもしれませんが、実はこれは反省の方法を教えているのです。「反省と霊能力」という話の、「反省」を言っているのです。

実在界のそういう体験をし、こういう世界に還りたいと思って、現実の我に返ってきたときに、自分の周りを見回したら、いったいどういう世界がそこにあるだろうか。毎日の会社の生活はどうだろうか。毎日の友人たちはどうだろうか。休日の自分の過ごし方はいったいどうだろうか。こういう生き方をしている人は、死んだらどういう世界に行くだろうか。これを冷静に見ていただきたいのです。

## ②　現実の自分を他人《たにん》のように見る

そういう霊界《れいかい》の生活を見てきたら、今度は現実の生活を見てみる。そして、こんな人はいったいどこに行くだろうかということを、多少、突《つ》き放した感じで考えていただきたいのです。

「過去いろいろな所へ行ってきたが、結局どこに行くだろうか」と考えてみると、やはりマシンガンを撃《う》ち合っていたあの世界に自分は行きたいのだろうかとか、いろいろあるでしょうが、「どこに行きたいか」ということが出てくるはずです。

これが、反省の仕方の一つであります。まったく違った想定のもとの自己というものを知って、それから現実の自分、現実に生きている自分を他人《たにん》様のように見てみるのです。

そして、こういう人は、どういう所に行くのがふさわしいかということです。みなさんも、自分自身のことを見れば分かるはずです。

「あなたはどんな人ですか」

と、私が訊《き》くわけです。

「あなたは、どんな人ですか。どんな生活をされていますか。どんなことを考えていますか。過去、どのように生きてこられましたか。あなた自身というのを、ちょっと映像で出してみてください。そこの風景を出してみてください。どんなふうになりますか」

そして、出てきたその風景があなたがたの行く所をだいたい示しているのです。

このように、自分自身の過去および現在というものをビジョン化して、自分のよくあるライフスタイル、よくある風景、心のなかによく浮《う》かんでくる自分自身の姿があるでしょうが、それをポッと出してみて、どんなことをしているかを見るのです。

いつも本を読んでいるような人もいるでしょう。いつもトレーニングに励《はげ》んでいたり、体操に励んでいるような方もいらっしゃるでしょう。いつも夫婦喧嘩《ふうふげんか》をしている姿が浮かぶ方もいらっしゃいます。いつも上司に呼びつけられては叱《しか》られている自分が出てくる、そういう方もいらっしゃいます。いつも恋愛《れんあい》中の方もいらっしゃるはずです。

このように、「どういう自分かな」ということを思ってみて、パアーッとそこに出てくる風景、これが実はみなさんの魂が今どこにいちばん行きやすいかということを示しているのです。

逆に言えば、「自分自身は、どういう生活をしているところが、いちばん自分らしいか」ということです。「自分らしさというものを、四コママンガのようにパッと見せるとすれば、あるいはワンショットでスナップ写真を撮《と》るとすれば、どういうことをしている自分がいちばん自分らしいでしょうか。そして、そういう人が行くところはどこでしょうか」ということです。これを知っていただきたいのです。

こうしてみると、自分が付き合える人、付き合える世界というものがだいたい見えてくるはずです。必ず見えてくるはずです。それが、みなさんが現にある心境の状態ですし、あるいはもし、本来的にもっと高いところを目指しているのであれば、このままであってはいけない世界でもあるわけです。

これは、みなさんにお教えしているだけではありません。それは、私自身もよく経験していることです。いろいろな出来事が起きてきます。このような仕事をしていますから、いろいろな情報も入ってきたり、いろいろな人と会ったりと、多くのことがあります。やはり、そのときによって、心の状態は変わっていると言っていいでしょう。

そのときに、自問自答するわけです。

「今、自分はこんな心の状態でいるが、大川隆法よ、おまえは幸福の科学の主《しゅ》宰者《さいしゃ》（現・総裁）ではないか。幸福の科学の主宰者のあるべき姿は、どういう姿であるのだろうか。そういう心の状態で、おまえ自身、納得《なっとく》がいくのか」

と自問自答します。

そうすると、「これは自分のあってよい姿ではない」という感じがするのです。「いけない、こういう姿であってよいはずがない。自分の仕事は、自分の使命はどのようなものであったか。自分の魂の目的は何であったのか」。その自分本人の、この理想、使命というものを見たときに、「おまえはこの状態で本当にいいのか、納得するのか、それは間違った状態ではないのか」と自分に問いかけると、やはり「これはいけない」と思うのです。

これはいけないと思ったところが始まりです。そこでもう半分ぐらいは終わったようなものです。「ああ、これではいけない、これは自分の姿ではない」、こう思ったなら、これでだいたい半分は終わったようなものなのです。

そしてこれからのちの半分が、「では、どうする」というところです。では、どうするか。

## ③ 自分は何者か

いろいろな人がいらっしゃいます。私もいちおう生身の人間ですから、彼らに感情を害されることもあります。腹が立つこともあるし、面白《おもしろ》くないこともあります。そういうとき、もしカリカリときたら、やはり今と同じように考えるのです。

「おまえは、幸福の科学の主宰者ではないか。もし、そういう人と会ったとしても、もちろんその人を責めることはできるだろう、裁くことはできるだろう、しかし、おまえは何者なのだ。おまえの仕事はいったい何なのだ」

「それを考えたときに、おまえはその人を裁くような、そうしたことが今できると思うか。彼は、まだ学びの途中《とちゅう》にある人ではないか。おまえは人々を導く仕事をしている人間ではないか。その人間が、学びの途中にある人を見て、心が乱れるようなことがあったり、不愉快《ふゆかい》に思うようなことがあったら、それはおまえ自身が恥ずかしいのではないのか。相手ではなくて、おまえ自身が恥《は》ずかしいのではないか。自分自身の心に誓《ちか》って、恥ずかしいとは思わないか」

そう心に問うてみると、「そうだ」となります。

そうしますと、最後は郵便ポストが赤いのも私の責任になります。そこまで考え始めると、もう人類に一人でも泣いている人がいれば、私が悪いわけで、人様の悪いことは何も言えなくなるわけです。

「ああ、そういう人がいたということは、仕事がまだ足りなかったんだ。ああ、申し訳なかった」と思うのです。

これは一人芝居《しばい》のように見えるかもしれませんが、そう思った瞬間《しゅんかん》に、心の波《は》動《どう》は変わるのです。その瞬間に、私は、私の本来あるべき心の姿に戻《もど》ってきます。自分のことを言って申し訳ないのですが、これは、みなさんご自身でも同じようなことがあるはずです。先ほど述べたように、自分の魂の理想郷があるはずです。自分はこういう男性として、あるいはこういう女性として生き、そして死んでいくのが自分としての理想だと思います。そうすると、毎日毎日、さまざまな人と会って、カーッときたり、イライラッとしたり、「困ったなあ」「悩《なや》んだなあ」「相手が悪い」などといろいろ思うときに、

「待てよ、おまえはいったい何者なんだ」

ということを問うてほしいのです。

「おまえはいったい何者なのだ。おまえは自分は菩薩《ぼさつ》だと思っているのではなかったか」、こう思うわけです。

「努力して、如来《にょらい》になりたいと思っているのではないか」

そのように、人によっていろいろ心境の違いはあります。そこで、自分はどのへんが理想であるかということを考えて、その自分であるならば、

「これでいいのか。本当にそうでいいのか」

と問うてみるのです。

みなさんのなかには、五次元が目標という方は、たぶんいらっしゃらないと思います。なぜかというと、五次元からでは霊言が出てこないからです。五次元の霊言というのは、だいたい本になりません。「ああ、きょうは腹一杯《いっぱい》食べてうれしかった」というレベルですから、本になりません。むしろ四次元でも深い所に行くと面白い本になるかもしれません。しかし、五次元ぐらいまではちょっと本にならないのです。

「なぜ出してくれないか」と言っても、面白くなくて読んでくれないからです。巷《ちまた》のおじさん、おばさんの話と変わりません。

まともに、多少は人のためになることが言えるのは、だいたい六次元ぐらいからです。

みなさんとしては幸福の科学で学んでいる以上、六次元の上段階が、どう考えてみても、まずスタート目標です。ここまで今世《こんぜ》行かずに、いつ行くかというところです。

これが最初の目標で、何とか努力して、菩薩の世界のほうに入っていきたい気分はあるでしょう。「できれば、頭だけでも入ってみたい。あなたは首から上は菩薩であるというあたりぐらいまで、できたら今世行ってみたい」という願いは、みなあるでしょう。

そうすると、そのあたりは霊言集のなかで、どういう人が出ているかを見てみると、光明界《こうみょうかい》ぐらいでは紫式部《むらさきしきぶ》、あるいはもともとは菩薩界の方ですが西郷隆盛《さいごうたかもり》、ああいう方が、現時点では光明界のあたりにいらっしゃる方です。このあたりの心境がだいたい光明界です。少し上に行って、菩薩界に入ったあたりが坂本《さかもと》龍馬《りょうま》のいる所です。

だいたいそのへんを見てみて、自分がどのあたりを今希望しているのか、理想郷として思っているのかと必ず問うてほしいのです。あなたは、今理想としているそういう人間になりたいわけです。自分が何になりたいかを、まず自分で確認することです。

いろいろな人と会って話をしていて、だいたい一日のうちに一回や二回は、嫌《いや》な思いはするでしょう。嫌な思いはしても、そのときに、

「待てよ、俺《おれ》は西郷隆盛を目指しているのであった」

と思う。そうすると、心境も似なくてはいけない。

「西郷隆盛は、確か、味噌《みそ》の入っていない味噌汁《しる》を、黙《だま》って二杯もお代わりしたというではないか」

お手伝いさんが、味噌汁に味噌を入れるのを忘れたにもかかわらず、西郷隆盛は一言《ひとこと》も文句《もんく》を言わないで、お代わりをしたらしいのです。次の人が「おい、こ

れ味噌入っていないぞ」と言って、初めて味噌汁に味噌が入っていないことが分かったそうです。それで「やっぱり先生は偉《えら》い人だ。お代わりして二杯も食べて、知らん顔して出ていった」「それだけの偉い方だから、たぶん気がついていたのであろうが、しかしそれを相手に感じさせなかった」と言われました。

そうすると、西郷隆盛という人は、太っ腹とも言うけれども、優《やさ》しい人だったんだなということが分かります。「優しいんだなあ。相手を傷つけまいという気持ちがあったんだなあ。で、自分がまずそうに食べたら、あとで相手が気がついて傷つくので、黙ってお代わりをした。それだけの優しい心情があったんだなあ」ということが分かるわけです。

例えば夫婦喧嘩が始まったときに、「西郷隆盛……」と思うわけです。そうすると、西郷隆盛に負けるわけにはいかない。たとえ、ご飯《はん》がおいしく炊《た》けてなくとも、たとえ魚が十分に焼けてなかろうが、たとえウェルダンと注文したステーキがレアで出てきたとしても、知らん顔をして口を拭《ぬぐ》って、「おいしかった」と言えるぐらいの自分にならなければ、あの心境には達しない。

そういうことを、やはり思っていただきたいのです。そういう考えの人を念頭に置いておくと、もうちょっとのところでブレーキがかかります。これがやはり幸福の基《もとい》です。こういうところで、ちゃんと歯止めが利《き》くかどうか、これが大きなことです。

あるいは、女性であれば、竜宮界《りゅうぐうかい》に還って、乙姫《おとひめ》様になりたい人もいるはずです。本来的には、そういう願望は必ずあるはずです。やはりきれいに見えます。

すると、乙姫様の心境というのは何か。「そういえば弟橘媛《おとたちばなひめ》などは、単純な悟《さと》りを説いておられたな」というのが分かりますね。

「ただ、澄《す》みきりなさい」と言うわけです。「難しいことを、あなたがたは考えすぎる。悩みすぎる。澄みきりなさい」と教えています。あのへんが、だいたい竜宮界の女性で、ナンバー２ぐらいと言われているあたりです。あのあたりはだいたいそういう思想を持っています。「『澄みきりましょう』と言ったら、澄みきった湖のなかに住めるんだな」と思うわけです。

## 6　機転を利《き》かせて反省する

朝、ご主人が起きて待っているのに、奥《おく》さんは寝《ね》ていて、ご飯《はん》がまだできていないときがある。奥さんはあわてて髪《かみ》をモシャモシャにして、寝ぼけ眼《まなこ》で起きてきて、「何なの」と言います。「何なのっておまえ、今何時だと思っているんだ。もう出勤じゃないか。飯は？」と言うと、「許して」なんて言う。「だいたい何よ、なんでちゃんと言ってくれないのよ。もう三十分早く言ってくれたら、できたのに。あなたが悪い」などと言ってしまうと、こういうことで喧嘩《けんか》が始まります。

こういう心境で竜宮界《りゅうぐうかい》に還《かえ》れるかどうかを考えてみたら、還れるはずはありません。これはどこかで読んだような世界です。『日蓮聖人霊示集《にちれんしょうにんれいじしゅう》』（現在は『大川隆法霊言全集　第32巻・第33巻』〔宗教法人幸福の科学刊〕として刊行）のなかで、妬み地獄か、やっかみ地獄がありましたが、そういう世界ではないのかということです。

そういう世界に、自分ははたして本当に還りたいのだろうか。考えてみれば、やはりそうではないでしょう。

そうすると、旦那《だんな》さんの出勤五分前に目が覚めて、ご飯ができなかった場合、「あなた、今日はいい天気ですわね。外でコーヒーなんか飲まれると気分がいいんじゃないですか」というように、知らん顔をして送り出すという手もあるでしょう。やはり、ものは言いようですから、「喫茶店《きっさてん》で、モーニングとられたらいいと思いますわ。会社の近くにいい喫茶店、確かありましたわね」などと言って、出してしまえば、それで終わりです。

ここで、戦いをして、毒をつくるというのは間違《まちが》いです。

「しまった！」と思ったところからが勝負です。「しまった」と思ったところから、いかに切り抜《ぬ》けるか。切り抜けて、いい結論まで到達《とうたつ》するかです。

　これは頭がよくないとなかなかできません。霊速で判断をパッと切り替《か》えて、どうするのがベストであるか。自分の落ち度が認められたとき、「しまった」と思う。どうやってこれを回復するか、一瞬《いっしゅん》の間に考えなくてはいけないのです。ここで出す手を間違えると、あとは悲惨《ひさん》な地獄が始まります。ここは一瞬です。「人間は二つのことを同時に考えられない」という法則を、みなさんは学んだことがあるはずです。そういうときには、これを使うのです。別名「子供だまし」ともいいます。幼い子供は、ちょっと親が目を離《はな》すと、泣きます。親がそばにいないと分かると、冷遇《れいぐう》されたと思って泣きます。そのとき、遊び用のボールなどを用意しておいて、ポンと投げるわけです。そうすると、ハッとそちらを見て、急にそちらへ這《は》い始めますから、この間に用が足せるのです。これを子供だましといいますが、本当に子供は泣きやみます。

　そういうときと同じように、ご主人が相手でも、子供だましはできるわけです。同時に二つは考えられませんから、違ったことを考えさせればいいのです。今はご飯ができていないことで、向こうの頭は怒《いか》りに満ちているわけですから、違うことを考えさせるわけです。全然違うことをスパッと入れてしまうのです。

「あなた、何だか、どこそこの方が、あなたって仕事ができるってほめてましたわ」などと、ポーンと言うと、「えっ」という感じで、子供だましの法則と一《いっ》緒《しょ》で、とたんにご主人の怒りはそこで切れます。

「いったい俺《おれ》の何をほめていたんだ」

「あなた、何か最近ものすごく仕事、成功されたんだそうですね」

などと持ち上げられると、

「まあね、まあ言ってみればそうだなあ。俺は朝飯も食わずに仕事に行くぐらい熱心な男だからね」と、それで終わりです。

ですから、二つのことが同時に考えられないという子供だましの方法を、大人だましに使うのは大事なことです。あとからフォローするのは簡単なことです。

怒りの波動《はどう》や悩《なや》みの波動があったら、いったんこれを他のことにコロッと変えさせてしまう。考え方を変えさせてしまうのです。そして、その想念《そうねん》を切ってしまいます。すごい波動を受けてしまったらまいってしまいますから、それをバシッと切ってしまうのです。

切ったあとで、そこでまた日を改めて、時を改めて、例えば夜帰って来たときに、おかずを一品《いっぴん》余分につけておいて、「あなた、今朝《けさ》はすみませんでした。今朝の分で、余分にこれつけておきましたから」という具合に、それで補完する。そしてその日、一日一生で終えてしまうわけです。

最終的には、もちろんつじつまはみな合わさなければいけないわけですが、危機の際の緊急避難《きんきゅうひなん》、この方法は知っておいたほうがいいでしょう。その意味での機転が利《き》く、頭がいいということは、よければよいほどいいのです。その頭のよさが、心の問題を解決してくることになります。

要するに、みなさんの悩みはほとんど対人関係で始まってくるわけです。そして、それについての反省というのがもちろん起きるわけですが、これも今言ったように、この反省を生じる前の段階で、機先を制して、やってしまうのがいいのです。

まずいと思ったときに、危ないと思ったときに、自分を制するのです。西郷隆《さいごうたか》盛《もり》流で、「あっ、この人を傷つけちゃいかん」と思って、知らん顔をして自分を制するのです。あるいは先ほど言ったように、切り返して相手をなだめるか、このどちらかです。自分を制するか相手をなだめるか、どちらかですから、この段階でまず機先を制することです。

そして、あとをフォローするのです。きちんとフォローしておいたあとで、反省します。「ああ、自分というのは、ずいぶん抜けている。要するに、ミスが多いのだ。こういうことではいけないな。この次は気をつけよう」、この反省はやはり最後に一つ要《い》ります。「こういうことは二度とないようにしよう」ということだけ思っておくことです。

このようにすると、反省というものは、実際にそうした機転を利かすことによって、ずいぶん簡単なものに変わっていきます。しかし、大事なことです。朝、喧嘩をして家を出ると、仕事時間中どれほど不愉快《ふゆかい》かを考えれば、分かると思います。雪ダルマ型人生観というものもありましたが、この悪いことも雪ダルマになると、増えていきます。

昔、高校のときに教わった生物の先生が、月二回ぐらい怒《おこ》る人でした。それはもう気が狂《くる》ったように怒りました。しかし、私はなぜ怒るか分かったのです。怒るときは、教壇《きょうだん》の下を見ると、先生はいつもサンダルを履《は》いていたのです。その日は朝、奥さんが靴《くつ》を磨《みが》いてくれなかった日なのです。奥さんが靴を磨いてくれないと、怒って靴を履かずに出てくるわけです。

そうすると、教室で生徒をつかまえて、かんかんに怒り始めるわけです。そういう日は、必ずサンダルを履いていることを私は発見しました。そのころから分析《ぶんせき》好きだったものですから、「先生、サンダル履いていますね」と言うと、「いや家内が、靴を磨いてくれないから、怒って出てきた」と言っていました。もう、いったん知ってしまえば、それまでです。

そういうふうに機転を利かせて、いろいろと反省することが大事だという話です。

## 7　霊能力《れいのうりょく》を求めての反省行ではない

そうした澄《す》んだ心を持つようになってきますと、自然に守護霊《しゅごれい》からのインスピレーションが降りたりします。あるいは直接聞こえることもあります。「霊能力は、結局、そういうものを受けられるようになったあたりで、よしとしようではありませんか」ということです。睡眠《すいみん》時間中に会うことでもいいですが、だいたい一般《いっぱん》の人はそのへんでよいのではないでしょうか。

もちろん召命《しょうめい》、神の命《めい》を受けて、そうした霊能力を発揮して仕事をしなくてはならない方もいらっしゃいますが、それをあえて望む必要は、私はないと思います。そういう使命があれば、天命が下れば、自然にそうなるでしょう。そういう場合には、やむをえないでしょう。そのときには、神輿《みこし》を担《かつ》いで、今までのものを捨てて、その霊能力を使った仕事もしていかねばならないでしょう。しかし、そういうことがない以上は、自分からあえて深くは求めないという姿勢が大事だと思います。

自分がどういう人間であるか、この霊能力によって、その偉大《いだい》性を認めてもらおうとする必要はないのです。もし、偉大な人であれば、自然に認められるような状況《じょうきょう》が出てきます。

自分自身を試《ため》そうという気持ちも大事です。しかし、自分がどういう人間であるかは、やがて世間《せけん》が、あるいは時間が証明するでしょう。そのときまで待ってみることです。自分はそんなに偉《えら》くないかもしれない。しかし、もし偉いのなら、偉くなるように物事は展開してくるでしょう。そのくらい、ドーンと構えて、待っておくだけの器《うつわ》は必要です。

霊能力をもって自分を高く見せようとする方には、必ず焦《あせ》りがあります。この焦りが失敗のもとになることがあるのです。

霊能力については、そういう神様の天命が下った場合には、やむをえない、受けましょう。しかし、それ以外は、あえて求めるほどのことはない。日々、心が調和されて、豊かで、そして守護霊が喜んでくれるような生き方ができれば、それでいいではないかということです。ある意味での、「足ることを知る」ですが、私はそのあたりでいいと思うのです。

霊能力を求めての反省行というのではなく、あくまでも日々の幸福を積み重ねていく意味での反省行を進めてほしいのです。

そのうちに、日々いろいろなことで指導されている自分、守られている自分というものを感じるでしょう。悪いことをしようとしたら、それを妨《さまた》げるようなことが起きたりします。それは守護霊が、他人《たにん》の手を介《かい》して邪魔《じゃま》をするからです。守護霊が自分の前を開いてくれることもあれば、行《い》ってはいけない場合に、邪魔が入るようにしてくれることもあります。

そのときに、素直《すなお》にその心、守護霊の心、天の心というものを受ける気持ちになっていればいいと思います。信じる心さえあれば、必ずそういうふうになっていきます。行ってはいけない方向には邪魔が入ります。行かなければならない方向には、扉《とびら》が開いていきます。それを信ずることです。これが大事なことだと思います。

# 第4章

# 芸術的発展論

一九八九年十二月六日　説法《せっぽう》
東京都・千代田《ちよだ》区公会堂にて

## 1　心の状態が世界の見え方を変える

幸福の科学の最新号の月刊誌を見ておりますと、率直《そっちょく》なところ、とても一万数千人の団体（説法当時）のものとは思えません。少し我田引水《がでんいんすい》的かもしれませんが、客観的に見て、どう見ても「これは会員が四、五十万人はいなければおかしいのではないか」という感じがしています。

そのように、当会の特徴《とくちょう》としては、内容が先行して、あとから現実がついてくるというかたちだと思いますし、これはある意味において、実相世界が先行してから、現象界が雪崩《なだれ》を打つように次第《しだい》しだいについてくる感じに似ているのではないかと思います。

本のほうも九十冊近く出ていると思いますが（二〇二四年九月時点で三千二百

冊以上発刊)、これだけ出ていると、だいたい会員も百万人ぐらいになっていないとおかしいと感じます。

ですから、これから実相世界に起きたことが、現実にどういうふうに続いてくるかということを、みなさんは何年か遅《おく》れで見ていくかたちになるのだと思います。私の気持ちでは、もう百万人ぐらい行っています。だいたい百万人ぐらいの感じです。あと、現実がついてくるのを待っているのです。

このように、いかにこの水路を断《た》つ、そういう関所が多いかということを、まざまざと感じさせていただいているような現状です。

このように、本来心の世界においてはすでに成就《じょうじゅ》していることは数多くあるのですが、しかし、現実に目の前に見てみると、どうもそうは見えない。それゆえに、その念《おも》いの世界で実現したことと、現実とのギャップが理解できなくて、途《と》中《ちゅう》で匙《さじ》を投げてしまう人が非常に多いのです。これが、成功する人とそうでない人との大きな違《ちが》いではないかと私は考えます。

よく使われる小噺《こばなし》があります。

二人の商社マンがアフリカに行った。一人はアフリカ人のその姿を見て、「ああ、靴《くつ》を売りたい」と思ったが、「彼らは裸足《はだし》で歩いているから売り込《こ》む余地がない」と日本にテレックスを打った。もう一人の商社マンは、「彼らは全員裸足で歩いているから、彼らに靴を履《は》かせる習慣をつけたら、大変なマーケットができる」と本社にテレックスを打った。

そういう話が、有名な伝説的な話として伝わっていますが、このように、念いの世界でどう念うかによって、現実は大きく変わってくるのです。そして、「どういう結論のほうを自分が信じるか」ということは、「この将来のビジョンというものがありありと見えているかどうか」ということに大きく左右されるように思います。

どういうふうにそのビジョン、結論が見えるべきなのだろうか、そう思ってみますと、私たちが見ている世界というのは、決して色眼鏡《めがね》をかけているつもりはないにもかかわらず、やはりある種の色眼鏡を通して見ていることは事実なのです。その色眼鏡とは何であるかというと、自分自身の心の色合いだと思います。これをどうしても通してしまいます。

それは、みなさんでも私でもまったく同じなのですが、現在ただ今のその精神状態を通して、世界を見るようになってきます。

例えば、暗い気持ちで見るとすると、「人々の服装は黒っぽい色が多い。みんなの心も沈《しず》んでいるんだな」と見るわけです。明るい心で見ると、白い色があちこちで見える。「十二月、普通《ふつう》であれば白ものは着てこないと思われる季節に、白ものを着ている。よっぽど、世の中景気がいいか、心の明るい人が多いのか」というふうに見るかもしれません。

そのように一つの出発点なのですが、どのように世界が見えるかということは、自分の内なる心の状態を通して見えているということです。

そうしてみると、まず私たちは、現実に接してある人を見、ある事実を見るときに、何らかの結論を出そうとするわけですけれども、その際に、「ちょっと待て」と思わなければいけないのです。

「ちょっと待て。自分の今日の心境はどうだろうか、どちらに傾《かたむ》いているだろうか、どの程度の心境だろうか。今日は、例えば一カ月三十日間のなかで見たら、気分のいいほうに入っているだろうか、中ぐらいだろうか、悪いほうに入っているだろうか、どうだろうか」ということを問いかけてみるといいのです。

そして、あまりよくない状態だなと思ったときには、自分自身に言い聞かせる必要があるわけです。

「今日の自分は、非常にマイナスのものの見方をしているから、今日、他人《たにん》から聞いた情報で、もし悲観的に思えることがあっても、これは飲み込んでしまうまい。今日はそれを消化すまい。今日は聞いても、鼓膜《こまく》の外側で止めておこう。あるいは、自分で口に出したことで、他の人が機嫌《きげん》が悪くなったら、これは自分の思いのせいだ。だから、いけないと思ったら、今日は何回でも頭を下げるぞ」

と、朝から思っておくことです。こういうふうに思うと、コントロールができます。

逆に調子のいい日であったらどうか。調子のいい日であれば、もう何十年も先までが見えてきます。何十年も先まで見えて、大きなことを言い始めます。特に、霊的《れいてき》な世界に触《ふ》れますと、もう十年先でも、百年先でも、ぐいぐい手繰《たぐ》り寄せられそうな気がしてくるのです。現実に、実際そうはなるのですが、それは生きているうちに起きるかどうかが分からないだけのことなのです。

一カ月のうちで調子のいい日が何日あるか知りませんが、こうした自分の心境のいちばんいいときに念い描《えが》いて、これを手繰り寄せて、自分のものにできると思える力、これが実際に体験として、幾《いく》つか、二つ、三つ、四つと積み重ねてき始めると、この力というのは一定の実力になってきます。そして確信というものが出てきます。ここまで持ってくるのは大変ですが、三つ以上そういう実体験があると、自分で信じられるようになってきます。

ある有名な自動車会社で、「この次の自動車レース、世界のレーシングカーのなかで、うちの車が絶対にトップになる」と豪語《ごうご》した社長さんがいらっしゃいました。そして社員は誰《だれ》も信じなかったのに、結果はそのとおりになったということで、そのグランプリを取って以後、会社が大躍進《だいやくしん》しました。

これなどは、トップが念ったこの信念、これがちょうど、トリモチか何かのようにピタッと、その実相世界にある結論にくっついて、離《はな》れないわけです。そして手繰り寄せてくる。一人の信念が、ほかの全社員が「そんなバカなことがあるものか」と思っても、それをグーッと引っ張っていくのです。こういう人をトップにしている会社は、絶対に伸《の》びていきます。

私も今、幸福の科学という団体を主宰《しゅさい》しております。自分自身こうした事業をやっていて、いろいろな考えが出てくることはありますが、結局のところ、どういう団体になって、どの程度発展するかというのは、これは創業者の運にかかっているのだと私は思います。そして、自分の運がどのぐらいあるかと考えてみると、うんとあるのではないかと思うのです。

銀行の方などが来て話をするとき、銀行の人というのは、融資《ゆうし》するときでも、悲観的に物事を見るわけです。いろいろ悲観的に物事を見て、「大丈夫《だいじょうぶ》ですか、大丈夫ですか、あれは大丈夫ですか」と、いろいろなことを悲観的に見るわけです。

しかし、私は全然違うことを言います。銀行の人は、例えば「経営者が生命保険に入っているか」などを訊《き》いてきます。それに対して、「バカなことを言いなさい、私が生命保険に入ったって、この事業を償《つぐな》うほどのものは入るはずないでしょう。そのようなことは問題外です。私は、一年に百億や二百億、稼《かせ》げますよ」と言います。実際はまだそこまで行っていませんが、実相世界では行っているものですから、「保険会社はそんなに出さないでしょう。だから、無駄《むだ》なのです。ナッシングです」と言うわけです。

幸福の科学の総合本部が紀尾井町《きおいちょう》ビルへ移転したときも、八九年六月には、

「移転が決まった」と聞いて私のほうが困っていたのですが、現実には十二月になってみると、もう全然問題ありません。

「誰だ、あんな狭《せま》いところを借りたのは」などという声が一部から出始めているぐらいです。いろいろ言い方はあるでしょうけれども、だんだん小さく見えてき始めたのです。「やはり丸ごと借りておけばよかった」と、だんだん思い始めたりしています。「ワンフロアーだけ借りるのではなかった、丸ごとにすればよかった」とやはり思うことはあります。

そのように、実相世界には無限のアイデアや、無限の結論が待っていても、それに対して現実というものは、なかなかついてこないものがあります。馬がパアーッと駆《か》けていって、「あとから徒《かち》より詣《もう》でけり」ではありませんが、現実というのは、徒歩で兵士が走ってくるような感じに非常に近いです。

ですから、何とかこの時間を詰《つ》めていかなければならない。これがいつも感じている課題です。

## 2　理想実現に必要なもの

では、どのようにして、この念《おも》いの世界で起きたことを、現実でも続いて起こさせるようにしていくか。この方法が大事です。この方法がつかみ切れて、そしてマスターできると、みなさんはこれを実現できるようになります。念いの世界にあることを実現できるようになってくるのです。

では、それをどうするべきであるのか。

私はここで、この自分の念い、理想というものを実現するために、どうしても必要な事柄《ことがら》を挙げておきたいのです。もちろん、個性にあった処方箋《しょほうせん》はあると思いますが、一般論《いっぱんろん》として必要なものを挙げておきます。

## ①　自分は運のいい人間だと思うこと

まず、その第一は、先ほども自動車会社の社長の例を出しましたが、「自分は運のいい人間だ」と思うことです。これが信じられない人には、よい結果は来ません。簡単なことですが、どうでしょうか。「あなた、運がいいですか」と訊《き》かれて、「はい、いいですよ」と言える人はどのくらいいるでしょうか。実際にその割合ぐらいしか、物事に成功し続けている人というのはいないものなのです。

これは、自分で、「自分はとにかく運がいい男だなあ」と思い続け、人にも言っていると、実際そういうふうになってくるのです。

自分で「運が悪い」と思っている人間は、その確認をするようなことを次から次へと起こしていくようになります。「運が悪い」とまず思って、それが信念にまで高まるまで、自分で実体験を積みたくなってくるのです。「やっぱりそうだった、やっぱり運が悪いんだ」と、こう確信していきたいわけです。そして、確信したものは離《はな》したくない。どうしてもそれが捨てられないで、今度はうまいことが来ても、「何か騙《だま》されるんじゃないか」と思うのです。

以前、幸福の科学の本の献本《けんぽん》運動をやったことがあります。幸福の科学としては初めてだったのですが、著名人や、いろいろな会社に、どういうふうになるかと献本をしてみたのです。反応を見ますと、礼状が来た人はやはり見ていて運がいい人ばかりでした。「ああ、この人は運がいい」と思ったら、やはり礼状が来たという感じがします。反応が悪いところというのは、企業《きぎょう》が傾《かたむ》くところでしょう。私はそう思うのです。

社長に送れるところは送りましたし、はっきりしないところは人事担当者に送りましたが、なかには人事の担当者限りで送り返してきたところもあるそうです。幸運の鳥がそこまで飛んできているのに、それをカラスか何かと間違《まちが》えて受け入れないのですから、気の毒です。

ある会社の社長などは、社長自《みずか》ら自社の石鹸《せっけん》を送ってきました。信仰心《しんこうしん》があるのです。実際に、私が今話しているような、こういう成功理論を実地に実践《じっせん》してきた人です。そういう信仰の世界の、この念いのエネルギーというのを使って、会社を発展させてきたところなのです。そういうところの社長さんというのは、単なる礼状ではなく、石鹸も一緒《いっしょ》に送ってきて、自分のところの社業発展まで祈《いの》ってきますから、やはり違います。「ああ、偉《えら》いものだな」と思いました。

やはり世の中いろいろです。政治家に送っても、もちろん反応がない政治家もいます。私の講演会を何度か行ったある会館では、あまり反応がありませんでした。無神論なのかもしれません。

ところが、これから伸《の》びていくのではないかという、若手の政治家などは、大臣をやっている人でも直接電話が入ってくるのです。

「講演会の招待状を受けましたけれども、その日は結婚式《けっこんしき》が入ってどうしても行けません、残念です」と言って、直々《じきじき》に電話が入ってきます。こういう人はやがて偉くなるでしょう。ところが、目先のことが気になって、それどころではないというような人たちは、やがて落選するか、どこかで消えていくでしょう。

運の話の延長で今お話ししているのですが、人生を分けていくものは何かというと、やはり一種のセンサーだと思います。五十歳《さい》を過ぎた人はセンサーと言っても分からないかもしれませんが、センサーというのは、一つの感覚です。「これはいける」と感じるか、感じないかです。このときに、本当に分かれていきます。ほとんどこの感覚のところです。「うん、いける」と感じるのが本当にピタッと当たるか、当たらないか。この差は大きいのです。

『悪霊撃退法《あくれいげきたいほう》』（現在は『大川隆法霊言全集　第43巻』〔宗教法人幸福の科学刊〕として刊行）という本を出しました。その出版社の社長は、出版業界では型破りで通っている人だといわれていますが、私は「彼はセンサーのいい人だな」とずっと前から思っていました。そうすると、やはり分かるのです。向こうも、一年も前から私たちの本をずっと調査していたのです。そして、社長自ら、「これを出せ」というわけで、編集会議より前に社長命令が出ていたのです。「この人の本は出さなければならない」と言って、結論が先に上から出てくる。センサーがいいわけです。この会社はもっと発展するでしょう。

過去、幾《いく》つかの出版社ともいろいろと話をしてきました。こちらが断ったり、断られたり、いろいろとありましたが、やはり、センサーのところが大きいと思います。先行きが読めるか読めないかのところが大きいです。

実際に成功していく人はどういう態度をとるかというと、それは、相手の可能性というものを、どこまでつかんでいるかということなのです。人はやはり、自分を知る者のために働きます。古い言葉で言えば、「自分を知る者のために死ぬ」ということです。

特に運を持って上昇《じょうしょう》する可能性のある人、まだその可能性は十分ではないかもしれないけれども、運を持ってこれから出ていこうというような人というのは、自分のその心のなかに、「自分というのはこういうことを成し遂《と》げる人間だ」ということを思っているのです。それはまだ芽の段階かもしれない、小さな段階かもしれませんが、確実に思っているわけです。

見ず知らずの人であっても、「あなたはこういう人ですよ、こういうふうになりますよ」と言われて、それが自分の思っていた可能性とピタッと当たったら、どう思うでしょうか。そうすると、「この人はなかなか見る目のある人だな」と思うでしょう。「自分が今言ってほしかったことを、まさしく今、言い当てた。これはすごい人だ」。本当は自分のことしか考えていないのですが、「眼力《がんりき》がある人だなあ」とやはり思います。「もしかしたら霊能力もあるのではないか」と思い始めます。

冗談《じょうだん》ではなく、これが大きなことなのです。人の可能性をどこまで見極《みきわ》めることができるか。「見る」とだけは言いません。私は、「見極める」と言いたい。

相手の持っている可能性をどこまで見極められるかです。あるいは、相手だけでなくてもよいかもしれない。それは一つの事業であってもいい、計画とかプランであってもいい。そのプランの持つ可能性を見極められるかどうかです。これは大きなことです。

「見極める」という言葉を今使っていますが、これはまさしく、「この形が、輪《りん》郭《かく》が見える」ということに相当します。輪郭が見えるということはどういうことか。

念いの世界は、漠然《ばくぜん》とし、茫漠《ぼうばく》としておりますが、その漠然、茫漠としたものが、形をとったように感じられるということです。形をとったものは、心の世界のなかでは、すでに存在することと同じなのです。

この地上を去った世界においては、例えば、「家を出したい」と念えば、念いによって、そこに本当に家そのものが建ってしまいます。その人の念いの力の差によって、出来映《ば》えは違うかもしれませんが、実際、家は建ちます。

ところが、私たちの三次元の世界においては、念っただけですぐ建つわけではありません。しかし、家を建てたいと思ったときに、幾つかの計画は出来上がるわけです。例えば「資金の手当」「家のデザイン」、それから「いつごろ建てるか」「どこに建てるか」などいろいろな検討事項《じこう》があるでしょうが、そういうものを総合しながら、やがて現実には建ってくるわけです。これも、念いがあれば必ず実現していくことです。その形をどれほど明確に出せるかということが、実際この霊的世界の現象に近づいていく過程であります。

したがって、そのように物事の可能性を見極める、形をつくってしまうということを、これを自分の現実の力にしていくためには、ではどうすればよいのだろうか、これを次にお話ししたいと思います。

## ②　自分の舞台《ぶたい》と協力者をはっきり描《えが》く

第一番目には、まず「運がいいと思いなさい」と述べました。そのために、センサーの話を少しいたしましたが、この可能性を見極めていく目を持つためにはどうすればよいか、これを二番目に述べたいと思います。

それはまず、自分を運のいい人間だと思えるならば、「神は、自分という俳優を、この地上に解き放つ際に、必ず自分の舞台《ぶたい》を用意されているはずだ」ということです。また、「自分と共に劇を演ずるところの、他の配役を用意されているはずだ」と思うことなのです。

すなわち、自分は運がいいということを信じられるならば、「運のいい人間が、この三次元世界で、何か事を成すことが許されているとするならば、必ずや、自分がその役割を演ずることができるために必要な舞台と協力者を用意しているはずだ」と思うことです。

こうしてみると、少し見えてくるものがあります。

自分なりの過去を、二十年、三十年、四十年、五十年の昔を振《ふ》り返ってみて、自分のなかに宿っているところの才能、あるいは自分が積んできたところの経験、受けたところの教育、育ったところの家庭環境《かんきょう》など、さまざまなものがあるでしょうが、それをたどって見ていったときに、「自分はどういう俳優であるのか、配役であるのか」ということがおぼろげながら見えてくるでありましょう。

今のところは、二枚目とはいかず、三枚目、四枚目の役柄をやっているかもしれないが、それで満足しているなら、確かにそういう役割の自分なのでしょう。しかし、満足していないならば、もっと上の役柄が与《あた》えられるはずです。それをどのように自分は思えるか、どこまでの俳優を思い描《えが》けるか、これがあなた自身なのです。現在考えられるところのあなた自身です。

もしその過去を見て、その延長上にストレートに、自分の未来が見える人は、それはそれでよしとしましょう。そういう方もいらっしゃるはずです。順調にきている方です。「この角度で向上していくならば、こういうふうな未来になる」というのが見える人は、これでよし。

しかし、停滞《ていたい》しているか、またはときどきえぐれていたり、落下したり、また上がったりと、ジグザグしながらやってきた人は、「自分としてはやはりこの程度まで行かないと死に切れない」という気持ちがあるはずです。この死に切れないというあたりがみなさん自身の、自分の本当の姿を表しているのです。

他の人の目や意見など、そういうものは取り去っても、「今のままであなたは死ねるか」と言われて、「うん、死ねる」という人は、それでよろしいから、禅《ぜん》寺《でら》にでも行ってください。幸福の科学では、学ぶことはもうないかもしれません。しかし、たいていは死に切れないはずです。「今のままではちょっと死に切れない、このままでは納得《なっとく》がいかない」と思っているはずです。

では、どこまで行ったら、あなたは納得するのでしょうか。どこまで行ったら、「もうこれで死んでいい」と思えるのでしょうか。

この考え方は二十代の人なら、かなり大きなものもあるかもしれません。三十代、四十代と、だんだん目減りするかもしれません。五十代、六十代になると、かなり数少なくなってくるかもしれません。

しかし、死に切れないところは一致《いっち》しているはずです。「どこまで行けば、自分はこれで死んでもよい」と思えるかです。その人の時間の流れのどこにあるかによってこれは違いますが、必ずあります。

それが、あなたが今世《こんぜ》、演じなければならないところの配役の真なる姿なのです。「ここまで行かなければ、死ねない、死に切れない」というところ、「現時点でここまで行けば、まあ、死んでもいい」と思えるところです。過去は問わない。未来は問わない。今の時点でここまで行ったら、この世を去っても、「まあ、よしとするか」と言えるところ、これをつかんでください。これがあなたの今世の役柄なのです。

そういう役柄の自分であるならば、幸運にも神の導きを受けて、今世にそういう仕事をするとするならば、必要な舞台はどういう舞台なのか、必要な仲間は、協力者はどういう人であるのか、これを描いていただきたいのです。

主役の自分のイメージは固まった。これからどういうふうに生きていかなければいけないか、これは固まった。そうすると、脇役《わきやく》といっては失礼だが、自分から見れば脇役（向こうから見れば向こうが主役かもしれませんが、人生は自分を中心に出発するから、とりあえず脇役）はどういう人が必要であるかを考える。

自分の理想がここにあるとしたら、これを達成するためには、どうしても必要な人がいるはずです。

小さな例で申し訳ありませんが、幸福の科学もこれまで活動してきました。私は私なりに、こういうことをしたいという理想があるわけです。「この理想からみると、私に協力してくれる人がこのくらいは必要だ、こういう人たちが必要だ」という考え方がある。それがすぐそのまま集まるわけではありませんが、パラパラパラパラと遅《おく》ればせながら駆《か》けつけ、馳《は》せ参じてくるわけです。

馬の手入れをしてからとか、飼葉桶《かいばおけ》で飼葉をやってからとか、水を飲ませてからとか、鞍《くら》がなかったとか、いろいろありますが、「いざ鎌倉《かまくら》」らしいから、馳せ参じなければいけないということで、磨《みが》き上げれば立派な馬に乗って、とりあえず馳せ参じてくるのです。全国からパカパカパカパカ来ているのが分かります。足が遅いのか、まだ来ない人も多いのですが、来ているのは事実なのです。

そのように、自分の理想を固めたときに必要なものというのは、当然考えられるはずです。そうすると、それが一つひとつ納まってきます。現実に現れてくるようになります。

みなさんはみなさんの立場で、自分の理想がもちろんおありでしょう。そのためには、どういうものが必要かということは、はっきりするはずです。そうすると、やがてそういうふうに、パカパカと馬が集まってくる姿が感じられてくるはずです。

このときに、自分が必要とするところの、その舞台と仲間が小さくしか描けない人は、やはり小さな成功しかできないだろうということです。この大きさによって、その後の人生というものは、当然ながら違ってくるわけです。

実績がない人が、そういう理想を持って語っていると、世の人々はそれをまったくの眉唾《まゆつば》と思うかもしれません。ほらだと思うかもしれません。けれども、現実に努力しながら少しずつ少しずつ、遅れながらでも、その実績を引きずってきていますと、だんだんそれが確信を帯びていき、自分自身も説得できるようになってきて、そして必ずやそのような現実が出てきます。

ですから、この念いの世界で、まずはっきりとかたちをつくることにおいて、何が問題かというと、「現実にそういうものが起きたときに、それを自分が受け入れられるかどうか」ということです。人を動かす場合でも、動かすためには、ある程度その人それぞれの器《うつわ》が要《い》ります。

例えば、課長としては有能な人がいたとします。課長さんとしては非常に有能な人です。ところが、組織の心理学などを勉強すると、課としてまとまっていけるのは、だいたい八人ぐらいがいちばんいいということです。あるいは、限度と言われています。だいたい八人を超《こ》えるあたりで、その課長として有能な人は、能力的に苦しくなってくるのです。十人を超えてくると、だんだん押《お》さえられなくなってきます。

それぞれの人の、やっている仕事が、考えていることが、場合によっては、名前が、掌握《しょうあく》できなくなってくるのです。十人ぐらいの名前が覚えられないようでは、もうろくしている可能性もありますが、そういうふうになってきます。

そういう人は、もともと自分が使える人の範囲《はんい》が、八人なら八人ぐらいまでのイメージしかないのです。

ところが、現実には八人の部下を持っておりながら、「将来的には五十人ぐらい使ってみたい」「現に使える」という自分を想定し、イメージして、そして現実にそれを念いのなかではっきりとかたちに出せる人は、やがて五十人ぐらいの部下を持って仕事をするようになるわけです。

しかし、念いを描けない人はそうはならないのです。その途中《とちゅう》で失敗をするか、あるいは裏目に出るようなことをして、必ず自分の器相応の立場にいくようになってしまいます。もうちょっとのところで出世できるというところで、余計なことを言ってしまう、あるいは、間違ったことを言ってしまう、こんなことで駄目《だめ》になることがあるのです。

例えば、非常に有能だという評価で、今まで来ている人がいたとします。「もうそろそろあいつは部長にしなければいけない」と、みんなが思っているような人です。しかし、「その人が、会議のときなどに、みんながごく常識的に知っているような、管理職であれば当然知っているような言葉を知らない」などということが出てくるわけです。

現実にはみな、知らないことはたくさんあるのです。ところが、そのように人目にさらされるところで、それが出てくるというところに運の悪さがあるわけです。現実は、知らないことがたくさんあるのは、当たり前なのです。知らないことはあります。みながみな、知っているわけではないのです。ところが、それがたまたまそういうときに限ってポコッと出てしまう。ちょうど弾《たま》を撃《う》っていると、弾が出ないところが出てくるのと同じです。

それは、もっと上の立場に自分が立つことをビジョン化できない人がそういうふうになってくるのです。やはり自分の適正な範囲のところに行こうとするのです。これは深層心理の世界であります。

実際、このようなものであり、自分がリーダーとして立つときに、どこまで多くの人に号令をかけられるか、こう考えたときに、だいたい未来が見えるわけです。

これを考え違いしていますと、どういうふうになるかです。例えば、当会においても一万人の団体までしかイメージがないとしたら、現実に一万人になりますと、それからあと、どのようにしたらいいかが分からなくなるわけです。しかし、「少なくとも最低段階、第一段階が百万人」と思っていると、今一万人から百万人までにもっていくためにはどうしなければならないかというのは、段階を追って見えてくるわけです。

すると、「そのためには、これをこうしなくてはならない、また、こうしていかなくてはいけない」という逆算が立ってきます。このように、ビジョン化ができて、それを逆算できる人であると、あとはそれを順序立てて仕事をしていくことは当然可能なはずです。

ですから、まず自分は運がいい人だと思ったなら、二番目には「自分の舞台」と「協力者」、それから「どういう劇を演ずるかという、このシーン」をはっきりと描かなければならないのです。

## 3　明確なビジョンは困難を解決する

以前、二カ月余りで首相を辞《や》めた方がいましたが、成り行きで大臣まで来ていたけれども、結局は首相としての理想を持っていなかったからだと、私は思います。

もともと総理・総裁になろうと思っていた人であれば、自分がそれになったときにどうするかということを考えているのです。「自分が総理・総裁になったときに、こういうことをしたい」というプランがあります。

このプランに対しては、こんな反対が必ず出てくるだろう。たぶん野党はこう言うだろう。他の派閥《はばつ》からこういう意見が出るだろう。これを説得してプランを遂行《すいこう》するためには、こうしなければならないだろう。

こういうことを何年もにわたって、自分の心のなかで想定問答をしているわけです。何回も何回もやっているのです。そして、いざなったときには、その反対を排除《はいじょ》しながら進んでいくわけですが、そういう総理・総裁になろうというビジョンがなかった人が実際そうなった場合、どうなるかというと、簡単な反対意見でパシャッと潰《つぶ》れてしまうのです。

ですから、「先行き自分がこういうふうになりたい」ということを明確に念《おも》っているということは、現実にその段階で、いろいろな困難が起きてきたときに、その困難を解決していくための力になるのです。その立場に立つ前に解答を自分の内側に蓄《たくわ》えられるのです。

例えば、当会では、「いろいろな勉強をするように」と会員は言われていますが、これなどでも、発想としては当然違《ちが》ってきます。「とりあえずは初級セミナー」「とりあえずは中級セミナー」という考え、当然これは大事なことです。目先のゴールを越《こ》えていくことは大事なことですが、「とにかくこれさえ通ればいい」としてやってきている人と、「自分は講師になる」とはっきりビジョンを描いている人では、やはり違います。

　例えば、「来年は講師になって法を説きたい。こういう説法をしたい」、このビジョンがはっきりしている人であったら、そこから逆算して、「どうしなければいけないか」というのははっきりしてくるはずです。

　そうであれば、自分はどんなことを言いたいのか。

　今、会はどんどん大きくなっています。講師は、今はまだ二百人や三百人を相手に話していますが、三年ぐらいたつと、本部講師などは大変かもしれません。一回の講習会が六千人などとなってしまうかもしれません。私はそう思っています。そんなに先ではなく、私のイメージだと、二、三年で、国技館などは講師用の会場になると思っています。

　ところが、目先の試験をクリアすることだけを考えていると、「ああ通った、さあ人前に立とう」というときに、六千人もいるとなると、もう思ったとたんに、めまいがしてできないということになってしまうわけです。

それは、準備が足りないからです。先が見えないからです。「自分が講師になるのは、このころだ。そのころになると、会員の規模はこのくらいになっているはずだ。そうすると、講師として期待される力量はこの程度のはずだ。そのためには自分はどうしなければいけないのか」、こういうことを考えておくと、戦略的に生きていけるのです。

## 4　戦略的に生きる

この、戦略的に生きるということは、とても大事なことです。毎日毎日のこと、今週のこと、今月のこと、そういった目先のいろいろな問題を解決するために、戦術を使って生きていくことは、ある程度知恵《ちえ》のある方、ある程度能力のある方はみんなやっていることです。目先の問題を片付けること、戦術的に生きていくことはできます。

しかし、戦略的に生きている人は数少ないです。少なくとも、三年ぐらい先まで見通して、現実のパターン、今日ただいまのパターンを組み立てている人というのは、かなり少ないです。

これができる人は、それだけでもうかなり非凡《ひぼん》なのです。能力は平凡であっても、念《おも》いによって非凡でありますから、現実に、結果的には非凡な人だと思われるようになるのです。これは確実なことです。

同業者が、あるいは同じくスタートを切った人たちが、まだ考えていないことを考えて、そこに向かって着々と歩を進めているわけですから、結果的にはそのスタイルをつくること自体がすでに非凡なのです。器《うつわ》さえできれば、中身が入っていようが、入ってなかろうが、人にはそんなには分かるものではありません。

一リットルの瓶《びん》をつくれば、今入っていないだけであって、入れようとすれば入れることはできるのです。ところが、これが一リットル瓶ではなく、一合の瓶であれば、一合以上は絶対に入りません。しかし、一リットル瓶をつくってしまえば、入れようと思えば入れられる。自分で入れなくても、雨が降って入ることもある。物乞《ものご》いしてもらえることもある。とにかく一リットルの瓶ができているからこそ、それいっぱいに満たすことができるのです。今、入っているかどうかは関係がないわけです。この器をつくってしまうことです。

こうした大きな器をつくるためには、戦略的に生きるということはどうしても大事です。

戦略的に生きるためには、理想目標を立てて、それから逆算して、段階的思考を積んでいくことです。三年後、あるいは十年後、二十年後を見て、逆算して、「十年後には自分はこうなっていなくてはならない。そのためには五年後は、三年後はこうだ」と思います。すると、今とるべき方法、筋道というものがはっきりと見えてくるのです。

この戦略的なものの考え方は、決して理想実現のためだけに役立つわけではありません。これは別な考えからいくと、日々の生き方にも関係します。

つまり、こういうふうに戦略的に生きていると、つまらない悩《なや》み事で足をすくわれることがなくなるということなのです。私たちは、大きな問題で負けることは本当は少ないのです。私たちが核爆弾《かくばくだん》で死ぬ可能性は少ないのです。核爆弾で死ぬより交通事故で死ぬ可能性のほうが実際は大きいのです。

私たちは、いろいろ考えて、ものすごく難しい問題で押《お》し潰《つぶ》されるのではないかと想像しますが、現実には小さなことで失敗してしまいます。小さな悩みにやられてしまうのです。そうではないでしょうか。現実には小さな悩みです。「奥《おく》さんが腹を立てた」などという、そうした悩みが、生きるか死ぬかの大きな問題になるのです。

天下を取ってやろうと思っていたところが、奥さんが「なにーっ」と包丁を振《ふ》り上げた。これだけで大変な一日の門出《かどで》になって、「生きるか死ぬか。離婚《りこん》するかどうするか」というような話になってしまいます。

思いは大きかったのに、現実は小さなところでやられてしまうのです。こんなものです。これが私たちの弱い現実であります。原子爆弾で死ぬのではなくて、交通事故で死んでしまう。交通事故ではなくて、子供の三輪車にはねられる可能性もあるわけです。あるいは、転んでしまって擦《す》りむく、池に落ちるなど、いろいろあるわけです。もっと小さな問題で実際はしくじりを犯《おか》すのです。

起きるべきものは起きます。事故も起きるかもしれません。いろいろな難問題が降りかかってくることも、これは避《さ》けられないかもしれません。一日中、嫌《いや》なことが起きることもあるかもしれません。

このときに、その小さな問題に負けてしまっては、当然いけないわけです。これを自分の全人生と比較《ひかく》するような、そんな大きな問題と思ってはいけません。戦略的に生きなければならないのです。

「自分は、十年後にはこういうふうにならなければいけない人間なのだ、五十年後にはこういうふうに生きなくてはならない人間なんだ」と、こう思っていると、上司に怒《おこ》られても、「なあに、今この上司に頭を下げることぐらい、こんなの平気だ」という気持ちになります。

隣《となり》に大きな家があっても、戦略的に生きれば、「うちはやがては一千坪《つぼ》ぐらいの土地に住むんだ。分かっているんだ。隣などはやがて消えてしまって、気にもならない。こんな長屋《ながや》なんかに、いつまでも住んでいるものか」と思うことができます。

ところが、日々の小さい問題は、「隣のテレビの音がうるさい」「ピアノの音がうるさい」「あそこの猫《ねこ》は鳴く」ということで、やはり腹が立つのです。

ですから、戦略としては、「自分はこんな所にそもそも住むべき人間ではないんだ。今自分は、仮相の世界のなかに、たまたまちょっといるだけなのだ。実相の世界では、自分はこんな所にいてはいけない。もっともっと大きな所に、貴族が住むべき所に、自分は住まなくてはならない。それが、たまたま今、仮の世界を通過中であるのだ。こういうところを今通過しているのだ。彼らの世界なんだ、僕《ぼく》は関係ないんだ」、このようにバシッと切ってしまうことです。

そうすると、それなりの心構えができてきます。そして私たちは、つまらないことを切り捨てていくことができるわけです。

これは悩み論と一緒《いっしょ》になりましたが、戦略的に生きていくことによって、日々のつまらない悩みを切り捨てていかなければいけない。私はそういうふうに思います。そのくらいのスケールで、物事を考えねばなりません。

## 5　戦術と戦略

話は変わりますが、「ゴーストバスターズ2」という映画が来たので、観《み》に行ってきました。あれは、だいたい平均年齢《ねんれい》十六から十七歳《さい》ぐらいの人が観ています。恥《は》ずかしかったですけれども、まあ、取材と思って観ました。

日本語に訳すと、ゴーストバスターズというのは、幽霊捕獲人《ゆうれいほかくにん》のことです。

パート2の内容は、「ニューヨークの街に悪想念がたまって、幽霊がたくさん出る。やがてそれが物質化して、巨大《きょだい》なものになって襲《おそ》ってくる」というような、そういう想定です。

前作の「ゴーストバスターズ」という映画では、幽霊捕獲をしていた連中は、個人個人の幽霊をやっつけていました。つまり、そういう方法論は持っていたのですが、今回、そんな巨大な集合霊をやっつける方法論は持っていなかったのです。それで、敗退するわけです。「どうしても勝てない、どうしようか」ということで、彼らは考えます。今、現象に現れているのは悪の想念であり、ニューヨークの犯罪や破壊《はかい》の想念が集まって、こういう巨大な現象が起きているのだ。これに勝つためには、善のエネルギーを集めなければならない。こう考えるわけです。

「一人ひとりの力では足りない。われわれだけの力でも足りない。善のエネルギーを、すべての人の善のエネルギーを集めないかぎり、この悪には勝てない」と彼らは考えます。これは真理に合っているわけです。仏光《ぶっこう》物理学にも合っている。そういうふうに私は観ていました。

そうすると、ニューヨークにおける善のシンボルはいったい何であろうか。「あれしかない、自由の女神《めがみ》」というわけです。そこで、自由の女神のところへ行き、善のエネルギーを集めて、自由の女神で戦おうという、壮大《そうだい》な面白《おもしろ》い話でした。そして、なぜか知りませんが、その善のエネルギーを集めると、自由の女神が歩き始めるのです。美術館を取り巻いている悪の権化《ごんげ》を、自由の女神が歩いていって、打ち砕《くだ》くわけです。

これはたかだか映画ですが、こうしたものを製作した人の発想が面白いと思います。一人ひとりの悪霊《あくれい》、悪の想念と戦うことは、個人個人でできるかもしれませんが、都市全体がそういう犯罪都市になって、巨大な悪想念のなかにいるときに、個人の戦いではどうにもならない。これは愛の戦いであり、正義の戦いであって、善念を集めていかないかぎり戦えない。そのために、自由の女神というような象徴《しょうちょう》まで出してきて、悪と戦おうとするという、そういう発想をしたということは、私は「面白いな」というふうに感じました。

日本人ではちょっとできない発想です。日本ではたぶん映画の企画《きかく》段階で潰《つぶ》されるであろうと思われます。善のエネルギーであんな大きなものを動かすという発想は、まず出てきません。しかし、こういうふうなものの考え方、発想ができるような人がアメリカにはいるわけです。

これは何について話しているか分かるでしょうか。戦術と戦略の話をしているのです。物事を戦略的に大きく考えていくとはどういうことか。

「個人個人の幽霊と戦って勝つというレベルの技能では負けた。これは戦術的なものではもう勝てなくなった」ということで、この巨大な敵に対抗《たいこう》するためには、もっと巨大なものを出してこないかぎり、勝てない。そのためには、もっと大きな戦略を組まなければいけない。戦術レベルでいくら幽霊を追い払《はら》うようなビームを撃《う》っても、相手が大きいと勝てないのです。

そういうことを、私たちは本当は日々やっているのです。過去一回それで成功したからと、その同じような竹槍《たけやり》でいつまでもその悩《なや》みと戦おうとしますが、自分の立場が上がってくればくるほど、問題と見えるものが大きくなってきます。もっともっと巨大な問題解決能力が必要となってくるのです。

そのためにはどうするかというと、そういうふうな大きな問題を解決しなければばならない自分をつくるために、今から発想を通しておく必要があると思います。

今、ソ連では、ゴルバチョフという人が大変な試練のなかにあると思います（説法当時）。どうなるかは分かりません。今、綱渡《つなわた》りだと思います。「非常に危険なところでもあるし、あるいは成功に近づいているところでもある、六十パーセントぐらいは危ないかもしれない」というような状況《じょうきょう》だろうと思います。

一人の人間が、マルクス・レーニン主義という、過去何十年も続いてきた、その考え方を変えていこうとしている。そして今、世界の流れを変えようとしている。これが成功するかどうかは、このゴルバチョフという人の戦略が、あるいは戦略家としての彼の資質がすべてを決めると私は思います。どれほどの戦略家であるかです。

「戦略家として、過去養ってき、思い続けてき、描《えが》き続けていたものがどこまでであったか」によって決まると思います。戦略家として中途半端《ちゅうとはんぱ》な部分があれば、彼はおそらく挫折《ざせつ》するでしょう。もし、これが徹底《てってい》したところまで行っているとするならば、断固として実現するかもしれない。その可能性はかなり厳しいものがあるけれども、そういうふうに思います。

彼の過去五年間やってきたことをずっとたどってみると、まず一つ、明らかに致命《ちめい》的に失敗していると思うのは、市場経済の勉強が十分でないところです。これは致命的な部分です。彼は法律を勉強した人ですが、経済のほうがちょっと疎《うと》いのです。ですから、そこのところでミスをしているところがあります。考え方にちょっと違《ちが》うところがあります。

現在、自由主義経済圏《けん》では、当然失敗と思われるようなことに手を出したからです。例えば、「まず設備のほうさえきっちりやれば、製品が流れてうまくいく」という考え方をゴルバチョフはとりました。「設備のほうに投資していけば、全部うまくいくに違いない」という考えをとったのです。

ところが、今の自由主義経済の経済学者の考えによれば、設備だけをきっちりとつくっても駄目《だめ》なのです。商品の供給というものをカッチリ押《お》さえないかぎり、実際の生活の面では物が流れてこないのです。これはお分かりだと思いますが、そのへんの供給のところについての理解が足りなかったわけです。「製造のところだけをきっちりして、人々のやる気を出して、いい製品をたくさんつくれば、ソ連の経済はよくなる」と彼は考えたのです。

ところが、現実はよくならない。統制経済よりも、もっと悪い現象が出てきています。石鹸《せっけん》さえ手に入らないという状況が出てきています。

それは、供給というものがどれほど自由主義経済のなかで大事かということを彼は勉強のなかで、ちょっと見落としていたところがあるからです。このツケが、今、ペレストロイカにとって何年かの遅《おく》れとなって出てきています。すでに、ソ連はもっとよくなっていなければいけないのに、まだよくなってきません。それは、ここのところの勉強が不足だったからです。

これに気がついて、そして今後どうしていくか。これは彼の戦略的なものの考え方にすべては集結すると思います。戦術的には、今、失敗が続いています。いろいろなところで失敗が続いています。これに打ち勝つには、この戦略が最後にどこまで行くかだと思います。こういうことで、非常に興味を持って見させていただいています。

## 6　ペレストロイカ

私たちがやりたいことも、まさしく、ああいうことであるからです。立場は違《ちが》うけれども、私たちは、無神論国家のなかに宗教を認める考えを導入する。ゴルバチョフは、閉鎖《へいさ》的な中央統制経済のなかに自由主義を吹《ふ》き込《こ》んでいる。私たちは、ソ連という違った国、体制が違った国のなかで起きていることだと思っているかもしれませんが、目を転じて日本を見てみると、実は違ったかたちでまったく同じものが厳然としてあるわけです。

それは何でしょうか。精神性、宗教性、あの世というものを否定して四十数年間、物質の繁栄《はんえい》ばかりを追い求めてきた日本人の主義・主張・イデオロギーがそこにあるのです。これはある意味ではソ連と同じく、固いものです。岩盤《がんばん》のような、こういう思想ができつつあるのです。

物の供給、繁栄、入手。繁栄し、そしてお金が貯《た》まればよいという考え、精神的なものを蔑《ないがし》ろにし、嘲笑《あざわら》う風潮が固まってきました。

ソ連においては、物質的な革命が起きているかもしれません。自由主義経済を導入することによって、そういう経済原理を使って自由化を進めていこうとしているかもしれませんが、日本は逆に物質は溢《あふ》れています。ここで流れていないものは何でしょうか。

日本で供給されていないものは、本来の人間の心です。本来の精神です。神が期待しているものです。それが流れていないのです。

物ばかりが流れて、本来の人間が持つべきもの、私たちの体に血液が流れているように一人ひとりの人間の間に流れていかねばならないものが、流れていないのです。これが現在の日本であります。

これは一つのアナーキー（無政府状態）に近い状況《じょうきょう》です。物だけが氾濫《はんらん》して、精神のほうが止まっているのです。生産もされていなければ、供給もされていないという、非常に苦しい状態にあるのです。

この岩盤のような、牢固《ろうこ》とした日本の今の社会制度を変えていくということは、ペレストロイカとまったく同じものです。そうした知識人たちの、岩盤のような間違った思想、左翼《さよく》がかったそういう思想を打ち砕《くだ》いていかねばなりません。これを打ち砕かないかぎり、絶対に本当のものを打ち立てることはできないのです。ゆえに、私たちの活動もいろいろなところで抵抗《ていこう》があります。しかし、この抵抗を打ち破っていくために、どうしても必要なものは何か。

先ほども述べたように、それは戦略です。

戦術的には、あるいは局所的には、竹槍《たけやり》や鉄砲《てっぽう》やナイフ、あるいは弓、刀などで、こうした戦いにおいて勝つときもあるし、負けるときもあります。みなさん個人個人でもそうでしょう。伝道の時代が来たといっても、「そうか、幸福の科学は伝道の時代が来たんだ。みんなでやれば怖《こわ》くない」と思うが、個人で動けば怖い。親一人説得できない、女房《にょうぼう》一人説得できない、きょうだい一人説得できない、そういう状況にあるわけです。

そして、個別的な戦いにおいては、よく敗れているわけです。失敗しています。「全体の勢いはよいと思って個人で行ったが、現実にやったら駄目《だめ》だった。そして、しっぽを巻いて帰ってくる」ということはいくらでもあるわけです。

しかし、私たちは今の発想を学んだことにおいて、「こういう小さな局所戦での勝ち負けということではないんだ。大局の観点から見て、勝つ戦略を立てなくてはいけないんだ」と思わなくてはなりません。

この戦略は、幸福の科学としての戦略ももちろんあるでしょうが、各人のレベルでの戦略もあるはずです。

この真理を学んで、自分がこれからやりたいと思うことはいったい何であるのか。どういう仕事を自分はしていきたいのか。何らかの使命感に燃えているはずです。その使命感なるものの中身はいったい何なのか。これを詰《つ》めなくてはならないのです。

## 7　戦略的に使命感を考える

まず、このときに第一に考えてほしいことですが、先ほど述べた理論でいきますと、「自分は運のいい人だと思わなければいけない」ということでした。ですから、これをこの使命感のところに持ってくると、「自分は光の天使かもしれない」と思わなければいけないわけです。「かもしれない、いや、そうに違いない」というところまで行くと強いです。

「そうに違《ちが》いない。感じるものがある。あの天に太陽がかかっているように、わが心のなかに太陽が輝《かがや》いているように感じる。これは同質のものであると感じる。カチカチと光がぶつかっているのを感じる。光の天使に違いない。いや、そうだ、間違いない」、こう思えたらおめでたいけれども、しかし、実際は幸福になる人であることは間違いがありません。幸福の科学にいてそういうふうに思えないと、やはりあまり幸福ではないでしょう。ここに来てそれが思えれば、幸福への第一歩であることは間違いがないことです。

そうであるならば、「自分は光の天使か、ちょっと毛が生《は》えているぐらいか分からないけれども、それに近いものに違いない」と思うわけです。

そうすると、先ほど述べたように、「では、どうする」と考えなければいけません。「自分の舞台《ぶたい》は、仲間は、そしてどのような劇になるのか」、これを考えていかなければならないのです。これを想定します。

そして、それについて大きな年数で区切って、戦略を立てていかねばなりません。「死ぬときには、ここまで行かなければならない。そのためには、三十年後には、二十年後、十年後、五年後、三年後にはこういうふうになっていなければならない」ということを考えて、それをビジョン化していきます。そのために必要なるものを集めていきます。必要なる行動を起こしていきます。

ですから、小さなところでの抵抗《ていこう》があったらどうこうというのは、これはもうほんの小さなことです。「死ぬまでに自分は、自分の親を信仰《しんこう》させてから死にたい」とか、そんな小さなことは思わないでしょう。自分が死ぬころに、親はもう死んでいますから。そんな理想では、とてもではありませんが、一生を生きていけないはずです。そんなものではないはずです。「親のためにダルマの目を入れるのは、日本人の一億二千万人が幸福の科学を信じてから最後の楽しみに取っておこう」と、こう思ってもいいかもしれません。

このように、戦略的に考えて、順番に計画を立てていく必要があります。その使命感というものをカチッと考えていく必要があります。

そうするとどうなるか。まず一つは強くなります。「局地戦で負けても、どうということはない」という強さが出てきます。これが一つです。

二番目に出てくるものは何かというと、智慧《ちえ》です。智慧というのは、目標があって、それにたどり着くのが困難であるときに、初めて役に立ってくるものなのです。簡単に目標が達成できるのなら、智慧は要《い》りません。それは成り行きです。自然の成り行きなのです。税収の自然増収というようなもので、成り行きであるわけです。

智慧が必要とされるのは、この理想、目標を達成するために、かなりの困難があるからなのです。そのままでは難しいからなのです。ですから、智慧が要るのです。

ゆえに、困難があるということは、これは智慧を出すために、どうしても必要な舞台なのです。ありがたいことです。自分の行く手に困難があると見えることはありがたいことです。だからこそ、智慧が出る。どういう智慧を出して、これを考えていくか。勇気を持ち、強くなって、そして智慧が出てくる。素晴《すば》らしいことです。

そして、次に必要なことは何でしょうか。強くなって、智慧が出てきて、さらに必要なものは――。

もうそれはだいたいお分かりだと思います。愛です。これがどうしても必要なのです。「この愛というものが、いかに自分の本質を流れているものであるか」ということをしっかりとつかまねばなりません。

## 8　芸術的発展

幸福の科学の出発点は、愛の原理でした。「与《あた》える愛」から始まってきています。

そして、その与える愛の出発点はどこにあったか。それは私たち人間存在の認識からでした。「私たちが神の子である」ということをまず信じることです。これが信仰《しんこう》というものの、本当の、あるいは始原的な、原始的な、そして大前提でもあるということでした。

神の子であるということを信じるということ、そして、神が愛であるということを信じるということ、そして私たちが神の子であるということは、私たちもまた愛の流れのなかにあるということを知るということでした。

そのように出発点には愛がありました。この愛は、自分から始まっていくものでありました。この愛が、先ほど述べたような、大きな理想に向かって流れていくとき、いったいどうなるのでしょうか。

それは、「発展という名で呼んでいるものは、実は愛が変わっていく姿である、愛が拡大していく姿であるのだ」という認識を持たねばならないということなのです。愛が拡大して自己展開していく姿が発展であるということです。

そして、愛が自己展開して、大きくなっていく過程において、純粋《じゅんすい》さを失わないために、方向を間違《まちが》わないために、その途中《とちゅう》で知というものや、反省というものがあるのです。正しく真理知識を知る、そして自己の判断基準を知る、さらに反省ということで軌道《きどう》修正をしていくということです。

愛というものが自己愛になり、自己保存欲になり、利己愛になって、他人《たにん》を疎《そ》外《がい》するような愛になっていないかどうかを常にチェックする必要があるのです。反省とは、何のためにあるかというと、この愛の方向性を間違わないようにするためにあるわけです。「神様から流れ、私たちのなかに入ってきたものを、みんなに流していく」という、単純なこの流れをせき止めないように、これを逆流させないように、間違えたところに送らないように、これだけをするために、反省があるのです。

反省とはなんと簡単なことでしょうか。本来の愛の姿、これを間違わないようにするだけのことです。本来、私たちが受けている愛を、間違いなく生活のなかに生かしていくこと。与える愛の実践《じっせん》、この与える愛を純粋化していくこと。これが反省なのです。簡単なことです。それだけなのです。

いつも上から光が満たされています。これを放出していきます。この放出に間違いがないように、邪心《じゃしん》が入らないように、濁《にご》ったものにならないように、そして違った方向にいかないように。このために、知識を学び、反省をしているわけです。反省で軌道修正をしているわけです。

そして、この光がドオーッと流れていったらどうなるでしょうか。大黄河《だいこうが》と同じです。奔流《ほんりゅう》のごとく、怒濤《どとう》のごとく流れていきます。これが発展の姿であるのです。

このように、幸福の科学の「愛・知・反省・発展」と四つに分けて説いている教えは、実は一つの教えであるということなのです。

それは、小さく始まった愛の流れが、怒濤のごとく、大黄河のごとく流れていく、その過程を言っているだけであって、そういう努力の方向性を、理想の方向性を教えているだけであります。

そして、幸福とは何かというと、その愛の流れのなかに乗っていることなのです。「幸福の原理」とは何か、それは愛の流れのなかに乗っていくことです。その大河のなかを流れていくことです。下っていくことです。これを幸福と呼んでいるのです。

私たちは、なんと簡単な教えを学んでいるのでしょうか。その簡単な教えを知るために、何十冊、本を読まねばならないことでしょうか。何回、講演を聴《き》かねばならないことでしょうか。何回、試験を受けねばならないことでしょう。何回、答案を書かねばならないことでしょうか。

でも、分からない。みなさん、なかなか分からないようです。

しかし、言っていることは、こんなに簡単なことなのです。こんな簡単なことが、みなさんの頭脳に入り、心の底にしっかりと入っていくために、いろいろな角度から知的に組み立てたり、感性的に組み立てたり、理性的に組み立てたりしながら、いろいろな話をしているのです。たったこれだけのことです。

私たちの幸福は、この愛の大河を流れていくなかにあります。この愛の大河を、「愛・知・反省・発展」という、この四つの発展形式をとりながら流れている――。これだけのことです。

私たちは、この基本認識を持って生きていこうとするということです。

こうした大河の理想を持って生きるということが、芸術的発展であります。

## あとがき

本書は、一九八九年九月から十二月まで、毎月、四回連続で千代田区公会堂で行なわれたウィークデー・セミナーの講義録です。水曜日の夜六時半〜八時半という忙しい時間帯に、毎回千人近い会員諸氏が集って熱心に耳を傾けてくださったことを、大変嬉しく想い出します。

各章とも一時間十五分という限られた時間内での解説ですので、意に満たぬ部分もありますが、必ずや真理学習の一助となることでしょう。

桜が三分咲きの今日、校正を終え、美しい春の一日を惜しんでいます。愛される一冊として人々の手に渡ってゆきますように。

一九九〇年三月二十二日

幸福の科学グループ創始者兼総裁　大川隆法

## 『真理学要論』関連書籍

『太陽の法』（大川隆法 著　幸福の科学出版刊）
『幸福の法』（同右）
『幸福の科学の十大原理（上巻）』（同右）
『幸福の科学の十大原理（下巻）』（同右）
『新・心の探究』（同右）
『幸福の科学とは何か』（同右）

# 索　引

※五十音順に配列しています。
※使用頻度の多い用語は、代表的なもののみ記載しています。

本書は一九九〇年五月に小社より発刊された
『神理学要論』を改題したものです。

真理学要論《しんりがくようろん》 ―新時代を拓く叡智の探究―

2024年 10 月 2 日　初版第 1 刷


著　者　　大《おお》 川《かわ》 隆《りゅう》 法《ほう》


発行所　　幸福の科学出版株式会社

〒107-0052 東京都港区赤坂 2 丁目 10 番 8 号
TEL(03)5573-7700
https://www.irhpress.co.jp/

印刷・製本　株式会社 堀内印刷所

落丁・乱丁本はおとりかえいたします



ISBN978-4-8233-0420-0 C0014

## 大川隆法ベストセラーズ・幸福の科学の原点を知る

### われ一人立つ。大川隆法第一声

幸福の科学発足記念座談会

著者の宗教家としての第一声、「初転法輪《しょてんぼうりん》」の説法が書籍化！　世界宗教・幸福の科学の出発点であり、壮大な教えの輪郭が説かれた歴史的瞬間が甦る。

1,980円

---

### 原説・『愛の発展段階説』

若き日の愛の哲学

著者が宗教家として立つ前、商社勤めをしながら書きためていた論考を初の書籍化。思想の出発点である「若き日の愛の哲学」が説かれた宝物のような一冊。

1,980円

---

### 大川隆法 思想の源流

ハンナ・アレントと「自由の創設」

ハンナ・アレントが提唱した「自由の創設」とは？「大川隆法の政治哲学の源流」が、ここに明かされる。著者が東京大学在学時に執筆した論文を特別収録。

1,980円

---

### 幸福の科学の十大原理（上巻・下巻）

世界172カ国以上に信者を有する「世界教師」の初期講演集。幸福の科学の原点であり、いまだその生命を失わない熱き真実のメッセージ。

各1,980円

※表示価格は税込10%です。

## 大川隆法ベストセラーズ・霊的世界の真実

# 復活の法

法シリーズ 第12巻

### 未来を、この手に

死後の世界を豊富な具体例で明らかにし、天国に還るための生き方を説く。ガンや生活習慣病、ぼけを防ぐ、心と体の健康法も示される。

1,980円

---

# 永遠の生命の世界

### 人は死んだらどうなるか

死は、永遠の別れではない――。死後の魂の行き先、脳死と臓器移植の問題、先祖供養のあり方など、あの世の世界の秘密が明かされる。

1,650円

---

# 死んでから困らない生き方

### スピリチュアル・ライフのすすめ

この世での生き方が、あの世での行き場所を決める――。霊的世界の真実を知って、天国に還る生き方を目指す、幸福生活のすすめ。

1,430円

---

# 霊的世界のほんとうの話。

### スピリチュアル幸福生活

36問のQ＆A形式で、目に見えない霊界の世界、守護霊、仏や神の存在などの秘密を解き明かすスピリチュアル・ガイドブック。

1,540円

## 大川隆法ベストセラーズ・人類を導く救世の指針

### 地球を包む愛

人類の試練と地球神の導き

日本と世界の危機を乗り越え、希望の未来を開くために──。天御祖神の教えと、その根源にある主なる神「エル・カンターレ」の考えが明かされた、地球の運命を変える書。

1,760円

---

### 真実を貫く

人類の進むべき未来

混迷する世界情勢、迫りくる核戦争の危機、そして誤った科学主義による唯物論の台頭……。地球レベルの危機を乗り越えるための「未来への指針」が示される。

1,760円

---

### 信仰の法

法シリーズ第24巻

地球神エル・カンターレとは

さまざまな民族や宗教の違いを超えて、地球をひとつに──。文明の重大な岐路に立つ人類へ、「地球神」からのメッセージ。

2,200円

---

### メシアの法

法シリーズ第28巻

「愛」に始まり「愛」に終わる

「この世界の始まりから終わりまで、あなた方と共にいる存在、それがエル・カンターレ」──。現代のメシアが示す、本当の「善悪の価値観」と「真実の愛」。

2,200円

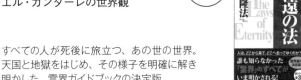

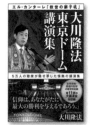

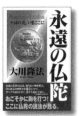

大川隆法ベストセラーズ・人生の目的と使命を知る

## 「大川隆法　初期重要講演集 ベストセレクション」シリーズ

幸福の科学初期の情熱的な講演を取りまとめた講演集シリーズ。幸福の科学の目的と使命を世に問い、伝道の情熱や精神を体現した救世の獅子吼がここに。

1 幸福の科学とは何か
2 人間完成への道
3 情熱からの出発
4 人生の再建
5 勝利の宣言
6 悟りに到る道
7 許す愛

各 1,980 円

# 幸福の科学グループのご案内

**宗教、教育、政治、出版などの活動を通じて、地球的ユートピアの実現を目指しています。**

## 幸福の科学

一九八六年に立宗。信仰の対象は、地球系霊団の最高大霊、主エル・カンターレ。世界百七十二カ国以上の国々に信者を持ち、全人類救済という尊い使命のもと、信者は、「愛」と「悟り」と「ユートピア建設」の教えの実践、伝道に励んでいます。

（二〇二四年九月現在）

### 愛

幸福の科学の「愛」とは、与える愛です。これは、仏教の慈悲《じひ》や布施《ふせ》の精神と同じことです。信者は、仏法真理をお伝えすることを通して、多くの方に幸福な人生を送っていただくための活動に励んでいます。

### 悟り

「悟り」とは、自らが仏の子であることを知るということです。教学《きょうがく》や精神統一によって心を磨き、智慧《ちえ》を得て悩みを解決すると共に、天使・菩薩《ぼさつ》の境地を目指し、より多くの人を救える力を身につけていきます。

### ユートピア建設

私たち人間は、地上に理想世界を建設するという尊い使命を持って生まれてきています。社会の悪を押しとどめ、善を推し進めるために、信者はさまざまな活動に積極的に参加しています。

# 幸福の科学の教えをさらに学びたい方へ

心を練る。叡智《えいち》を得る。
美しい空間で生まれ変わる――

## 幸福の科学の精舎《しょうじゃ》

幸福の科学の精舎《しょうじゃ》は、信仰心《しんこうしん》を深め、悟《さと》りを向上させる聖なる空間です。全国各地の精舎では、人格向上のための研修や、仕事・家庭・健康などの問題を解決するための助力が得られる祈願《きがん》を開催《かいさい》しています。研修や祈願に参加することで、日常で見失いがちな、安らかで幸福な心を取り戻《もど》すことができます。

総本山・正心館

総本山・未来館

総本山・日光精舎

総本山・那須精舎

東京正心館

全国に27精舎を展開。

---

運命が変わる場所 ――

## 幸福の科学の支部《しぶ》

幸福の科学は1986年の立宗《りっしゅう》以来、「私、幸せです」と心から言える人を増やすために、世界各地で活動を続けています。
国内では、全国に400カ所以上の支部が展開し、信仰《しんこう》に出合って人生が好転する方が多く誕生しています。
支部では御法話拝聴会、経典学習会、祈願、お祈り、悩み相談などを行っています。

## 海外支援・災害支援

幸福の科学のネットワークを駆使し、世界中で被災地復興や教育の支援をしています。

---

毎年2万人以上の方の自殺を減らすため、全国各地でキャンペーンを展開しています。

公式サイト **withyou-hs.net**

**自殺防止相談窓口**

受付時間　火～土:10～18時（祝日を含む）

TEL **03-5573-7707**　メール **withyou-hs@happy-science.org**

---

視覚障害や聴覚障害、肢体不自由の方々と点訳・音訳・要約筆記・字幕作成・手話通訳等の各種ボランティアが手を携えて、真理の学習や集い、ボランティア養成等、様々な活動を行っています。

公式サイト **helen-hs.net**

## 入会のご案内

幸福の科学では、主エル・カンターレ 大川隆法総裁が説く仏法真《ぶっぽうしん》理《り》をもとに、「どうすれば幸福になれるのか、また、他の人を幸福にできるのか」を学び、実践しています。

**入会**

### 仏法真理を学んでみたい方へ

主エル・カンターレを信じ、その教えを学ぼうとする方なら、どなたでも入会できます。入会された方には、『入会版「正心法語《しょうしんほうご》」』が授与されます。
入会ご希望の方はネットからも入会申し込みができます。
**happy-science.jp/joinus**

**三帰《さんき》誓願《せいがん》**

### 信仰をさらに深めたい方へ

仏弟子としてさらに信仰を深めたい方は、仏《ぶっ》・法《ぽう》・僧《そう》の三宝《さんぼう》への帰依を誓う「三帰誓願式」を受けることができます。三帰誓願者には、『仏説・正心法語』『祈願文《きがんもん》①』『祈願文②』『エル・カンターレへの祈り』が授与されます。

幸福の科学 サービスセンター
TEL 03-5793-1727（受付時間/火～金:10～20時 土・日祝:10～18時（月曜を除く））

幸福の科学 公式サイト
happy-science.jp

# 幸福実現党

内憂外患《ないゆうがいかん》の国難に立ち向かうべく、2009年5月に幸福実現党を立党しました。創立者である大川隆法党総裁の精神的指導のもと、宗教だけでは解決できない問題に取り組み、幸福を具体化するための力になっています。

## 幸福実現党　党員募集中

あなたも幸福を実現する政治に参画しませんか。

＊申込書は、下記、幸福実現党公式サイトでダウンロードできます。
住所：〒107-0052
東京都港区赤坂2-10-8 6階 幸福実現党本部

TEL **03-6441-0754**　FAX **03-6441-0764**
公式サイト **hr-party.jp**

# HS政経塾

大川隆法総裁によって創設された、「未来の日本を背負う、政界・財界で活躍するエリート養成のための社会人教育機関」です。既成の学問を超えた仏法真理を学ぶ「人生の大学院」として、理想国家建設に貢献する人材を輩出するために、2010年に開塾しました。これまで、多数の地方議員が全国各地で活躍してきています。

TEL **03-6277-6029**
公式サイト **hs-seikei.happy-science.jp**

# ハッピー・サイエンス・ユニバーシティ
Happy Science University

**ハッピー・サイエンス・ユニバーシティとは**

ハッピー・サイエンス・ユニバーシティ（HSU）は、
大川隆法総裁が設立された「日本発の本格私学」です。
建学の精神として「幸福の探究と新文明の創造」を掲げ、
チャレンジ精神にあふれ、新時代を切り拓く人材の輩出を目指します。

人間幸福学部　経営成功学部　未来産業学部

**HSU長生キャンパス** TEL **0475-32-7770**
〒299-4325　千葉県長生郡長生村一松丙 4427-1

未来創造学部

**HSU未来創造・東京キャンパス**
TEL **03-3699-7707**
〒136-0076　東京都江東区南砂2-6-5　公式サイト **happy-science.university**

# 学校法人 幸福の科学学園

学校法人 幸福の科学学園は、幸福の科学の教育理念のもとにつくられた教育機関です。人間にとって最も大切な宗教教育の導入を通じて精神性を高めながら、ユートピア建設に貢献する人材輩出を目指しています。

**幸福の科学学園**

**中学校・高等学校（那須本校）**
2010年4月開校・栃木県那須郡（男女共学・全寮制）
TEL **0287-75-7777** 公式サイト **happy-science.ac.jp**

**関西中学校・高等学校（関西校）**
2013年4月開校・滋賀県大津市（男女共学・寮及び通学）
TEL **077-573-7774** 公式サイト **kansai.happy-science.ac.jp**

## 仏法真理塾「サクセスNo.1」

全国に本校・拠点・支部校を展開する、幸福の科学による信仰教育の機関です。小学生・中学生・高校生を対象に、信仰教育・徳育にウエイトを置きつつ、将来、社会人として活躍するための学力養成にも力を注いでいます。

TEL 03-5750-0751（東京本校）

## エンゼルプランV

東京本校を中心に、全国に支部教室を展開。信仰をもとに幼児の心を豊かに育む情操教育を行い、子どもの個性を伸ばして天使に育てます。

TEL 03-5750-0757（東京本校）

## エンゼル精舎

乳幼児が対象の、託児型の宗教教育施設。エル・カンターレ信仰をもとに、「皆、光の子だと信じられる子」を育みます。
（※参拝施設ではありません）

## 不登校児支援スクール「ネバー・マインド」

TEL 03-5750-1741

心の面からのアプローチを重視して、不登校の子供たちを支援しています。

## ユー・アー・エンゼル！（あなたは天使！）運動

障害児の不安や悩みに取り組み、ご両親を励まし、勇気づける、障害児支援のボランティア運動を展開しています。

一般社団法人 ユー・アー・エンゼル
TEL 03-6426-7797

### NPO活動支援

いじめから子供を守ろうネットワーク

学校からのいじめ追放を目指し、さまざまな社会提言をしています。また、各地でのシンポジウムや学校への啓発ポスター掲示等に取り組む一般財団法人「いじめから子供を守ろうネットワーク」を支援しています。

公式サイト mamoro.org　ブログ blog.mamoro.org
相談窓口 TEL.03-5544-8989

## 百歳まで生きる会～いくつになっても生涯現役～

幸福の科学

「百歳まで生きる会」は、生涯現役人生を掲げ、友達づくり、生きがいづくりを通じ、一人ひとりの幸福と、世界のユートピア化のために、全国各地で友達の輪を広げ、地域や社会に幸福を広げていく活動を続けているシニア層（55歳以上）の集まりです。

【サービスセンター】TEL 03-5793-1727

## シニア・プラン21

「百歳まで生きる会」の研修部門として、心を見つめ、新しき人生の再出発、社会貢献を目指し、セミナー等を開催しています。

【サービスセンター】TEL 03-5793-1727